应用型本科院校管理类专业精品教材

创业测评与经营模拟

主　编　席乙文　何　苗

副主编　郑加玉　王　钰　贾学梅

廖小舒　赵冰雁

北京理工大学出版社

BEIJING INSTITUTE OF TECHNOLOGY PRESS

内 容 简 介

本书将现代企业经营管理技术与创新创业融入课堂，内容设置强调学生学习的主动性的激发，注重启发式、互动式、探究式教学，通过创建角色体验的实训平台，将模拟企业的战略制定、生产决策、企业投融资、财务管理、市场营销等企业运营决策搬上课堂，引导学生主动思考、积极提问、自主探究，旨在让受训学生通过 ERP 运营体验，感受现实企业的营销与规划中心、生产中心、物流中心和财务中心的运作流程，并结合实训体验启发学生创新创业能力，提升学生专业认知能力，锻炼团队合作意识、竞争意识等。

图书在版编目（CIP）数据

创业测评与经营模拟／席乙文，何苗主编. --北京：
北京理工大学出版社，2024.1（2024.2 重印）
ISBN 978-7-5763-3495-1

Ⅰ.①创… Ⅱ.①席… ②何… Ⅲ.①创业–基本知识 Ⅳ.①F241.4

中国国家版本馆 CIP 数据核字（2024）第 038821 号

责任编辑：李慧智		文案编辑：李慧智	
责任校对：刘亚男		责任印制：李志强	

出版发行	／	北京理工大学出版社有限责任公司
社　　址	／	北京市丰台区四合庄路 6 号
邮　　编	／	100070
电　　话	／	(010) 68914026（教材售后服务热线）
		(010) 68944437（课件资源服务热线）
网　　址	／	http://www.bitpress.com.cn

版 印 次	／	2024 年 2 月第 1 版第 2 次印刷
印　　刷	／	三河市天利华印刷装订有限公司
开　　本	／	787mm×1092mm　1/16
印　　张	／	13.25
字　　数	／	317 千字
定　　价	／	49.80 元

　　《创业测评与经营模拟》教材的编写牢记为党育人、为国育才的初心使命，坚持用习近平新时代中国特色社会主义思想铸魂育人。本教材将现代企业经营管理技术与创新创业融入课堂。课程的内容设置强调学生学习的主动性的激发，注重启发式、互动式、探究式教学，通过创建角色体验的实训平台，将模拟企业的战略制定、生产决策、企业投融资、财务管理、市场营销等企业运营决策搬上课堂，引导学生主动思考、积极提问、自主探究，让课堂充满真诚的对话、切身的感悟、理性的思辨，吸引学生主动学、融入学。教材编写旨在让受训学生通过 ERP 运营体验，感受现实企业的营销与规划中心、生产中心、物流中心和财务中心的运作流程，并结合体验启发学生创新创业能力。通过对该课程的学习，学生可以提升关于创业素质与能力的自我认知，了解企业经营的基本业务流程，拓展知识面；理解初创企业的职能岗位基本技能，增强职业认知能力，提高职业基础素质；理解创新创业的专业能力需求，提升专业认知能力；领会自主学习的雅典式教学精神，锻炼团队合作意识、竞争意识等，提升学生获取知识、整合知识、创新知识的能力；培养理论联系实际的能力，为后期专业学习打下坚实的认知基础。

　　本书由西南财经大学天府学院"创业测评与经营模拟"课程组成员共同编写而成，其中席乙文、何苗担任主编，郑加玉、王钰、贾学梅、廖小舒、赵冰雁担任副主编；该校 2020 级人力资源管理专业学生周杰、袁舒弘，2020 级农村区域发展专业学生张洪丽、邹曾果，2021 级农村区域发展专业学生韩露五位同学参与了教材的文字校正工作。再次对参与本书撰写和校正的老师与同学表示感谢！

　　应用型本科院校的课程改革正在不断深入，对于本课程的学科知识交叉融合，我们课程组正在努力进行探索。本书融合了编者多年从事该课程的教学经验和指导学生竞赛的心得，将专业理论知识和实际操作相结合，操作步骤详细，规则解释清楚，可以作为高等院校学生企业经营沙盘模拟实训课程的教材。但由于编者水平所限，书中难免有疏漏和不足之处，敬请专家、读者赐教，以帮助我们改进提高。

编　者

目　录

第三编　创业启航

第一编

创业准备

第1章　创业机会与评估

◎ 本章学习目标

1. 理解创新与创业的概念，学习如何识别创业机会。
2. 掌握信息收集与市场调查的方法、技巧，学习如何评估创业机会。
3. 掌握常用的创业环境分析工具，准确把握创业机会。
4. 了解创业投融资方法，学会识别并防范创业风险。

在当今这个日新月异的时代，创业创新已经成为推动社会进步和经济发展的重要力量。随着科技的飞速发展、全球化的推进以及市场竞争的日益激烈，传统的经营模式已经无法满足现代社会的需求。新经济、新模式、新业态层出不穷，人工智能时代正快速到来。从全球来看，尤其是在我国，信息技术的发展与应用已经进入实质性应用阶段，数字时代正快速改变着人们的生活。因此，创新与创业成为引领时代发展的新动力与新力量。那么，什么是创新，什么是创业呢？

现在，我们就先来弄清楚创新和创业的概念。创新是在现有的环境和条件下，对包括但不限于各种产品、方法、元素、路径、环境等所进行的改进或创造，并能获得一定有益效果的行为，或者还可以认为创新是对旧有的一切想法、方法、产品等所进行的替代或覆盖。创业则是从发现、把握、利用某个或某些商业机会开始的。根据杰夫里·提蒙斯（Jeffry A. Timmons）在《创业创造》（*New Venture Creation*）一书中对创业的定义是：创业是一种思考、推理和行动的方式，它为机会所驱动，需要在方法上全盘考虑并拥有和谐的领导能力。因此，创业的定义为：创业是创业者及创业团队对他们拥有的或通过努力后能够获得的各类资源进行发现、识别、优化和整合，从而创造出更大经济或社会价值的过程。定义的描述很简单，但是创业却并不容易，本书力求通过对模拟创业的演练，让大家充分认识到创业的艰辛，珍惜宝贵的创业机会。

党的二十大报告明确提出，新时代新征程中国共产党的中心任务就是"团结带领全国各族人民全面建成社会主义现代化强国、实现第二个百年奋斗目标，以中国式现代化全面推进中华民族伟大复兴"。强国建设、民族复兴的宏伟目标令人鼓舞、催人奋进，发展前景无限光明。因此，对于我们新一代人才和知识分子，要努力以信息化、数字化、智能化作为新引擎，用新发展理念激发新动能，用新活力创造新辉煌。

科技赋能发展，创新决胜未来，创业国富民强。创业要特别善于抓住机会，把握住每一个稍纵即逝的创业机会是极为重要的。当今世界，瞬息万变，各类机会层出不穷，但识别机会往往会存在很多问题，尤其是适合自己的机会。那么，怎样从众多的机会中寻找到适合自己的创业机会呢？本章我们就将以创业机会与评估的系列问题作为主要研究对象，希望能对你有帮助。

1.1 创业机会的识别

1.1.1 创意来源

创业机会首先来自创意，这是前提。机会对每个人几乎都是均等的，但是与自己的创意相切合的机会却并不多见，这就是人们常常抱怨的机会不平等。企业家、发明人、创新家、研究人员、大学生等人群的创新主意往往层出不穷，但最后创业成功的人占比却并不大。因此学会迅速分辨并摒弃潜力不大的创意，集中关注那些少数应进行攻关和研究的创意，是创业者们能够成功的关键。据一项统计研究指出，通过对机会进行系统研究而发现的创意只占4%，自然而然地发现的创意占20%（由临时或随机的工作发展成一家企业的占7%，由个体消费者需要而来的占6%，碰巧了解到有关行业情况的占4%，发展家庭成员的想法的占2%，在其他偶然的情况下想到的占1%），对以前工作中遇到的创意进行复制和修改优化的占71%之多，其他的创意来源占5%。

1.1.2 发现创业机会的途径

一、总体分类

（1）针对现有的产品与服务，重新设计改良。
（2）追随新趋势新潮流，迎合社会需求，如：电子商务与网际网络。
（3）机缘凑巧，好运气。
（4）通过系统的研究，发现创业机会。

二、根据社会环境细分

（1）经由分析特殊事件，来发掘创业机会。例如，美国一家高炉炼钢厂曾因为资金不足，不得不购置一座迷你型钢炉，而后竟然出现后者的获利率高于前者的意外结果。经过进一步分析，发现这是由于美国钢品市场结构变化所致，因此这家钢厂就将往后的投资重点放在能快速反应市场需求的迷你炼钢技术上。

（2）经由分析矛盾现象，来发掘创业机会。例如，金融机构提供的服务与产品大多只针对专业投资大户，但占有市场七成资金的一般投资大众，却未受到应有的重视。这样的矛盾表明，提供一般大众投资服务的产品市场必将更具潜力。

（3）经由分析作业程序，来发掘创业机会。例如，在全球生产与运筹体系流程中，就可以发掘出很多与信息服务与软件开发相关的创业机会。

（4）经由分析产业与市场结构变迁的趋势，来发掘创业机会。例如，在国有事业民营化和公共部门产业开放市场自由竞争的趋势中，我们在交通、电信、能源产业中拥有了更多的创业机会。除此之外，在政府刚刚推出的知识经济方案中，也可以寻得许多新的创业机会。

（5）经由分析人口统计资料的变化趋势，来发掘创业机会。例如，单亲家庭的快速增加、妇女就业的风潮、老龄化社会的现象、教育程度的变化、青少年国际观的扩展变化等，必然提供许多新的市场机会。

（6）经由价值观与认知的变化，来发掘创业机会。例如，人们由于生活条件的改善和对于饮食需求认知的变化，造就了创意美食、健康食品、康养旅游等新兴行业。

（7）经由新知识的产生，来发掘创业机会。例如，人类完整基因组图谱的绘制完成，将会在生物科技与医疗服务等领域带来更多的新事业发展机会。

三、根据市场条件细分

如果你还认为对机会的认识和发掘有点难，那么我们再从更容易理解的市场条件角度来看。

（1）从市场缺失中发现机会。市场缺失常给人带来困扰，有困扰就迫切希望得到解决。如果能提供解决的办法，实际上就是找到了创业机会。例如，双职工家庭没有时间照顾小孩，于是有了家庭托儿所；没有时间买菜，就产生了送菜公司。这些都是从"负面"寻找机会的例子。消费者使用商品时，常有不少困扰发生，如果能够针对这些购买商品时所感受到的不便，制造或提供给消费者更多的附加价值，就是创业的机会所在。

（2）从顾客不满中发现机会。有时候，一个很好的创业机会也许就隐藏在顾客的抱怨或建议之中。例如，双门电冰箱的开发设计就是得益于顾客的抱怨：一位日本工程师听到一位家庭主妇抱怨她打开单门冰箱取食物时有大量的冷气直往外冒，实在是可惜。在此抱怨的启发下，这位工程师发明了双门冰箱。发展到今天，很多冰箱不仅是双门的，还被设计成了抽屉式；不仅减少了直往外冒的冷气，还防止了食物之间相互串味。总之，只要顾客提出抱怨或建议，无论采取什么方式，一个有心的创业者都应当热情地听取并做出相应的反应，因为这也许就是一个非常好的商业机会。

（3）运用创新或改进优化法探索机会。这主要是指确定一个特定产品或服务的基本特性，然后去考察如果它们以某种方式发生变化，将会造成什么样的结果，从而发现机会。例如，傻瓜相机是以使用者的"更方便"取胜的，计算机的更新换代是以其芯片运行速度更快为标志，低度白酒的受欢迎是沿着"度数更低"特性展开的。当然，也可采取更加复杂、混合的方式，将来自不同产品的特性混合在一起，来创造新产品。实践证明，这些方法孕育着巨大的潜在商机。

（4）从法律法规变化和专利公告中寻找机会。法律法规的变化常常会带来商机，特别是社会与政治变革能产生很多创业良机。社会价值的改变、消费形态的演变、消费者成本意识的提高，都会产生不少创业机会。如个性化商品的出现、知识性商品被尊重、商品品质要求提高、以量定价的量贩店的兴起等。同时专利公告中也蕴藏着机会，要注意市场上的信息。例如，日本索尼公司看出晶体管的发展潜力，积极向贝尔实验室购买晶体管制造技术，进而发展成晶体管收音机与录音机，席卷全球大部分市场，最终发展成为一家了不起的世界 500 强企业。

（5）从偶然和意外中感悟发现机会。这看起来似乎是以运气成分居多，实际从某种意义上来说，靠的还是能力。例如，索尼公司原董事长盛田昭夫喜欢一边打网球一边听音乐，因此喜欢在球场上装麦克风、扬声器及唱机等大型设备，但是这些设备体积大、操作复杂，他想总该有更好的方法来解决这个麻烦，于是，随身听（Walkman）就是在这种需求下应运而生。这是索尼公司有史以来最具革命性与利润性的产品，我们甚至在今天还能看到那些流行于 20 世纪 80—90 年代的大学生群体中的随身听产品，不过，它们都已经成为有纪念意义的古董了。由此可见善于捕捉意外发现，也是一种十分强大的能力。

1.1.3　发现创业机会——头脑风暴法

头脑风暴法是当今社会流行的激发创业想法的一种方法，它能够帮助你快速产生大量创意，找到适合自己创业的好项目。

一、具体做法

（1）针对某个特定主题，指导一组人就这个主题提供创意。

（2）小组负责人要求参与者共享他们的创意。

（3）小组其他人对新创意做出反应并提出其他创意。

（4）会议过程要求大家畅所欲言、积极参与，主要目的就是营造一种创新和热烈的氛围，以便产生大量创意。

二、激发创新思路

根据 A. F. 奥斯本本人及其他研究者的看法，头脑风暴激发创新思维主要通过以下几点：

（1）联想反应。联想是产生新观念的基本过程。在集体讨论问题的过程中，每提出一个新的观念，都能引发他人的联想，相继产生一连串的新观念，产生连锁反应，形成新观念堆，为创造性地解决问题提供了更多的可能性。

（2）热情感染。在不受任何限制的情况下，集体讨论问题能激发人的热情。人人自由发言、相互影响、相互感染，能形成热潮，突破固有观念的束缚，最大程度地发挥创造性思维能力。

（3）竞争意识。在有竞争意识的情况下，人人争先恐后、竞相发言，不断地开动思维机器，力求有独到见解、新奇观念。心理学的原理告诉我们，人类有争强好胜心理，在有竞争意识的情况下，人的心理活动效率可增加 50% 或更多。

（4）个人欲望。在集体讨论解决问题的过程中，保证个人的欲望自由不受任何干扰和控制是非常重要的。头脑风暴法有一条原则，不得批评仓促的发言，甚至不许有任何怀疑的表情、动作、神色。这就为每个人畅所欲言、提出大量的新观念和新创意提供了保障。

三、须遵守的规则

（1）不允许批评、嘲笑、皱眉或流露表示怀疑的面部表情。因为这些会妨碍创造者并抑制创意的自由流动。

（2）鼓励随心所欲，使之产生更多更好的创意。即使是不合实际、稀奇古怪的创意，也可能会引出好创意或问题的解决方案。

（3）会议要快速推进，不允许因任何事情减慢会议进程。

（4）鼓励"跳跃式"思维，可以利用一个创意作为快速跳向另一个创意的手段。

（5）鼓励发散式思维，形成更多"点子"。

1.2　信息收集与市场调查

信息特别重要，特别是在当今时代，各类信息、各种数据层出不穷，如何获取有用的信息并加以利用，体现了个人或团队的能力，并直接决定了创新创业的成败。

1.2.1　信息收集

一、直接方法

收集信息最直接的方法就是通过观察或询问，获取第一手资料，从而来认知创业机会。通常，直接收集可以通过观察、面谈、电话询问、集中讨论、问卷调查等方式来进行。

（1）观察。观察是最简单的信息收集方法。创业者可以通过观察潜在客户的行为或反应来收集所需信息，也可以通过观察行业先进人才的行为来获取必需的经验。通过观察获取的信息较为客观，具有一定的真实性，但也有弊端，就是很难了解用户需求的真正动机。

（2）面谈。通过与潜在客户面对面地交谈，创业者能够比较容易地获得所需信息。根据所处的实时环境，创业者可以灵活采用不同的谈话技巧，使交谈顺利进行。同时，在交谈中，创业者还可以随时对潜在客户予以指导、启发和解释。通过面谈能够得到比较可信的资料，但也可能受交谈方式和技巧的影响，导致信息失真。

（3）电话询问。电话询问是指由创业者根据抽样要求，在样本范围内，打电话询问潜在客户以获得信息的方式。电话询问很容易在短时间内获得大量信息，并能统一格式，所获得的资料也便于统一管理。但这种方法不易得到潜在客户的合作，更不易询问到复杂的问题，因此该方法一般仅适于创业前期的信息了解。

（4）集中讨论。集中讨论就是多人交流面谈，这种方法能够收集更深层次的信息。讨论可以由一位有经验的主持人或创业者以外的其他人主持，以一种轻松友好的方式来激发参与者表达各种观点的积极性。集中讨论有助于创业者获得更多更真实的信息，但信息的质量也会受到讨论时所设定问题以及环境的影响。

（5）问卷调查。问卷调查是指通过制定详细周密的问卷，要求被调查者据此进行回答以收集资料的方法。根据载体的不同，问卷调查有线下传统问卷与网络问卷两种方法；按照问卷填答者的不同，可分为自填式问卷调查和代填式问卷调查。

二、间接方法

对创业者来说，收集信息最方便的方法是充分利用已有的数据或资料，即通过间接的方法获取信息。这些信息可以来自各种渠道，如报纸、杂志、图书、行业协会、政府机构、网络、咨询机构等。这些信息通常可以归纳为以下几种：

（1）普查信息。普查信息是指由政府或有关组织进行普查活动所得到的统计资料。这些统计资料准确性高，具有一定的权威性，特别是政府组织的普查资料尤其可靠。如经济普查、人口普查等资料，能够使创业者迅速了解经济环境和人口比例，更好地确定目标市场。

（2）行业信息。行业信息一般是由行业主管部门登记注册的资料，如婚姻登记资料、机动车登记资料等，也包括行业协会定期或不定期发布的一些行业动态、年度报告等，如汽车的种类和产销量、钢材的产销量等。总体上看，行业信息具有一定的全面性，比较可靠。

（3）广播电视传媒。广播电视传播信息形象生动，具有速度快、辐射面广、新颖且有吸引力等特点，能够给创业者提供最为直观的信息。如中央广播电视总台的"经济半小时""致富经""经济信息联播"等节目，会报道介绍大量的创业经验和创业信息，起到了良好的引领示范作用。

（4）报纸杂志资料。报纸杂志集中了大量的广告和各式各样的信息，特别是一些专业的报刊，有专门的分类信息，利于创业者发现和寻找机会。但是，报纸杂志信息的真实性需要创业者仔细辨识。

（5）商业信息。商业信息是由各类市场调查机构依据商业原则收集整理的资料。但由于各类商业机构均有各自的商业利益，其整理的资料往往代表了自身的看法和观点，具有很大的主观性，在运用过程中，要加以分类分析，寻找有用的信息。

（6）网络信息。互联网也可以提供有关竞争者和行业的深层次信息，甚至可以通过观察潜在客户对网上某些问题的反应，直接获得信息。弊端是网络信息也存在真伪问题，创业者应该加强防范，避免落入套路陷阱。

（7）各种社会活动。社会上的不少集体活动，如联谊活动、交易会、博览会、报告会、讨论会、技术推广会等，本身就是面对面进行信息交流的过程，从这些活动中获得的信息更加直观有效。

获取创业信息的方法不止以上所列，还会有很多种类，应注意留意和善于把握。可以说创业信息无处不在，重要的是创业者要有洞察事物的能力，能够从纷繁复杂的表象中提取对自己有用的信息。

1.2.2　市场调查

市场调查也属于获取信息的主要形式，市场调查是完全主动的，聚焦性、目的性更强，而且带有明确的具体计划。其内容主要包括经营环境调查、市场需求调查、消费者情况调查、竞争对手调查、市场策略调查五个方面。

一、经营环境调查

（1）政治、经济、社会和技术等宏观经营环境的调查，即 PEST 调查。如调查所经营的业务、开展的服务项目的相关政策法律信息，了解国家是否鼓励或限制这些业务，有何管理措施和手段；当地政府是如何执行国家相关法律法规和政策的，对业务有什么样的有利和不利的影响；宏观经济状况是否景气，哪些行业有发展潜力；等等。

（2）行业环境调查。如调查所经营的业务、所开展的服务项目所属行业的发展状况、发展趋势、行业规则及行业管理措施。"家有家法，行有行规"，进入一个新行当，应充分了解和掌握该行业的信息。

二、市场需求调查

市场需求的调查特别重要，直接影响产品或服务的生存空间。市场需求调查的一项重要内容是市场需求趋势调查，包括了解市场对某种产品或服务项目的长期需求态势；了解该产品和服务项目是如何逐渐被人们认同和接受的，需求前景是否广阔；了解该种产品和服务项目从技术和经济两方面的发展趋势；等等。

三、消费者情况调查

消费者情况调查包括两方面的内容：一是消费者需求调查，例如购买某种产品（或服务项目）的消费者大多属于哪些群体（或社会团体、企业），他们希望从中得到哪方面的满足和需求（如效用、心理满足、技术、价格、交货期、安全感等）；二是消费者的分类调查，如了解消费者的数量、特点及分布，明确目标客户，掌握他们的基本情况。

四、竞争对手调查

古人常说，"知己知彼，百战不殆"，了解竞争对手或潜在竞争对手的情况，包括其数量与规模、分布与构成、优缺点及营销策略等，做到心中有数，才能有的放矢地采取策略。

五、市场策略调查

每种产品或服务都有一定的市场策略。因此，需要重点调查目前市场上经营某种产品或开展某种服务的主要手段和策略，以及这些策略是否有效，还有哪些缺点和不足，从而为选择正确的经营策略提供依据。

1.3　创业机会的评估

"三百六十行，行行出状元"，每个行业都有机会，每个行业也都有风险，关键看是否适合自己。因此，对于创业机会的评估非常关键。一般情况下，创业者在创业开始的时候都是雄心勃勃、踌躇满志。但是，就近些年"大众创业、万众创新"的形势来看，创业真正成功的占比很低。其中很大一部分原因，是对创业机会的评估缺失或者评估不到位。所以说，当有了认为合适的创业机会时，不要急于立即实施，要进行全方位评估，从多方面、多角度进行缜密考虑和评价。

那么，我们该怎么进行创业机会的评估呢？创业本身是一种高风险的投资行为，经过对众多创业成功与失败案例的分析，我们认为应从法律与政策环境、产业与市场、投资与盈利能力、行业与竞争能力、管理与危机应对能力四个角度对创业机会的 21 个指标进行评估。

1.3.1　从法律与政策环境分析角度评估

一、法律环境

法律环境分析是在决定进入市场和运营业务之前应该进行的重要工作。需要着重考虑以下几点：

（1）法律框架：了解目标市场的法律框架，包括宪法、民法、商法、劳动法、知识产权法等。

（2）行业监管：研究目标行业的监管机构、政策和法规。了解该行业是否有特定的监管和许可要求，以及如何遵守相关规定。

（3）公司注册和许可：确定注册和经营一家公司所需的法律程序。这可能包括商标注册、公司注册、许可证申请等，了解所有必需的文件和手续，确保业务合法合规运营。

（4）劳动法和雇佣合同：了解目标市场的劳动法规定，并确保雇佣合同符合当地的劳动法规。了解员工权益和劳动合同的要求，确保雇佣关系合法健康。

（5）知识产权保护：保护商标、专利、版权等知识产权。了解知识产权法律保护的范围，确保创新和知识产权受到保护。

（6）合同和合作伙伴关系：了解商业合同的要求和约束，并制定适合业务的合同模板，以确保与合作伙伴、供应商和客户之间的关系是合法和可靠的。

（7）税务法规：了解业务所需的税务要求和规定，研究税收政策、资质、报税要求等，确保能合法承担税务责任。

（8）风险和责任：评估潜在的法律风险和责任，制订对策和风险管理计划。

二、政策环境

评估目标市场的各类政策环境，了解影响创业项目发展的政策支持与限制。可从以下几个方面考察：

（1）优惠政策：政府通过提供各种税收减免、贷款担保、创业补贴和资助等方式，激励创业者的积极性。这类政策可以降低创业者的成本，提供更多的资金和资源支持，有助于创业者快速发展。

（2）政府机构支持：政府是否建立健全的创业支持机构，为创业者提供必要的培训、咨询和辅导服务。这些机构可以帮助创业者提升管理和创新能力，提供市场调查和营销支持，以及与相关企业和投资者建立联系等。

（3）创业氛围：政府往往通过鼓励创新、推动创业文化和培养创业精神来营造有利于创业的氛围。例如，组织创业大赛、创业活动和创业培训等，加强创业者之间的交流与合作，促进创新和创业的发展。

（4）政府服务效率：政府是否具备较高的行政效率，以减少创业者办事的难度和成本。此外，政府的监管体制、市场监管和执法力度，也是需要着重考虑的方面。

三、可持续发展环境

评估创业项目的可持续发展性，包括环境影响评价、资源状况、可持续供应链、市场增长潜力、技术更新速度、竞争力等，了解项目未来是否能够持续发展。

1.3.2 从产业与市场角度评估

一、市场潜力

一个具有较大发展潜力的企业应该生产出满足客户需求的产品，这种产品应能够让客户感到具有较大的价值。因此，有较高发展潜力的企业能精确找出产品或服务的市场定位，其产品或服务能够满足消费者的需求，或能够满足某些重要客户的需要，为客户提供

高附加值和高增值的收益。

二、市场结构

每一个产品或服务市场都有其独特的市场结构，市场结构的特征主要由以下因素决定：第一，销售者的数量；第二，销售者的规模结构；第三，购买者的数量；第四，产品的性质；第五，进入和退出市场的障碍；第六，成本条件；第七，市场需求对价格变化的敏感程度。市场结构主要反映了企业在市场竞争中的地位和企业市场能力的强弱。因此，对于新创企业来说，将要进入的市场具有一个怎样的市场结构，市场竞争态势如何，对于创业能否成功也就具有十分重要的意义。

三、市场规模

市场规模反映了可分蛋糕的大小，如果一个新创企业进入的是一个市场规模巨大而且还在发展中的市场，那么即便在这个市场上占有的市场份额有限，也可以拥有较大的销量和创业成功率。当然，如果市场非常庞大，也有可能面临另一种性质的挑战，如这种市场由于太成熟和太稳定，属于高度竞争性的，则市场具有较低的毛利。另外，一个不为人知或销售额很低的市场也需要认真考虑其未来的发展趋势。

四、成长性

一个有较高成长性的市场具有很大的吸引力。在这样的市场上，新创企业占有市场增长的一部分份额并不会对竞争对手构成很大威胁，这就意味着创业的成功率会高一些。反之，一个发展稳定或收缩的市场，对新进入者来说，无疑生存难度更高。因此，应从多个角度对行业及企业成长性进行全方位分析。

五、市场份额

市场份额直接影响着企业的生存。如果一个新创企业在未来能够占有较大的市场份额，表明这个企业的发展潜力巨大，因为较大的市场份额将为其创造较高的价值，否则该公司的价值可能要大打折扣。

六、成本结构

企业的成本高低直接决定了其盈利能力。低成本可能来源于行业中存在的规模经济性，对于新创企业来说，要在起步阶段就利用规模经济性来实现低成本很难，但低成本也可以来源于技术和管理，这往往就是新创企业的成功所在。

1.3.3　从投资与盈利能力角度评估

一、利润情况——毛利指标

利润情况主要看毛利指标，单位产品的毛利由单位销售价格减去所有直接的、可变的单位成本。对于创业者来说，较高且持久地获取毛利的潜力是十分重要的。从通常正常发展的新创企业来看，达到或超过40%的毛利率将给新创企业提供一个强大的内在缓冲器，比20%或更低的毛利率更能容许企业有犯较多错误和更多从错误中学习的机会。高额和持久的毛利还意味着一家企业可以更早达到盈亏平衡，这种情况对企业发展的初期是十分有利的。

二、利润情况——净利指标

企业的毛利通常会转化为税后净利润。有吸引力的创业机会应该拥有至少能获得高于10%的税后净利润的能力，而税后净利润不到5%的企业将是十分脆弱的。

三、实现盈亏平衡的时间节点

在正常情况下，好的可良性发展的公司能够保证在两年内达到盈亏平衡和取得正现金流量，这个时间如果超过三年，就要考虑创业机会是否有价值。

四、投资收益率

创业投资的最重要目标必然是获得好的投资收益。一般来说，若每年能产生25%或更高的投资收益率，投资机会无疑非常好；若每年投资收益率低于15%，那说明投资机会不见得理想。

五、战略价值

创业需要考虑战略价值，也就是长远的发展利益。较低的或根本没有战略价值的企业就没有太大的价值。例如一项核心技术往往具有很大的战略价值，投资具有核心技术的创业行为就很有价值。

六、投资资本量

创业是需要资金的，有较少或者中等程度的资本需要量的投资机会是有吸引力的。现实中，大多数有较大潜力的企业需要相当大的资金来启动。因此在创业时，需要重点考虑资本的需要情况，量力而行。例如服务型行业的企业就比那些不断需要大额研发资金的高科技公司的资本需要量要少。

七、退出机制

作为项目投资者，通常还要考虑可在什么样的时间段将所投资金抽回，因此退出机制对于创业机会的评估也相当重要。资金的退出主要有企业被收购或出售、公开发行股票等途径。

1.3.4 从管理与竞争能力角度评估

一、成本优势

成本优势是竞争优势形成的关键。成本可分为固定成本和变动成本，从另一角度，又可分为生产成本、营销成本和销售成本等，较低的成本能给企业带来较大的竞争优势。一个新创企业如果不能取得和维持一个低成本把控能力，它的预期寿命就会大幅缩短。

二、控制能力

企业如果能对价格、成本和销售渠道等有较强的控制能力，就说明企业在行业内有较强的竞争能力，创业成功的概率就高。所以，还要分析企业的"能力"问题。

三、业务进入壁垒

如果新创企业能够有力地把其他竞争者阻挡在该市场之外，那企业成功的概率相应也会提高。我们举一个例子：在20世纪80年代早期到中期的美国，电脑硬盘行业未能建立起进入市场的壁垒，到了1983年年底，就有约90家硬盘驱动器公司成立，激烈的价格竞争导致该行业出现剧烈震荡。

还有一个很容易被忽略的问题是生产能力。虽然这看起来很简单，但有不少吸纳风险投资的企业成为这个市场问题的牺牲品。除此之外，还有政府的政策影响。针对某些市场制定的规则可能是市场进入壁垒的另一种重要来源。当市场因政府原因而无法进入时，其障碍往往就是无法克服的，特别是在我国，新创企业应该好好研究政府的相关政策。

1.3.5　从管理与危机应对能力角度评估

一、企业管理团队

管理班子的能力对企业的生死存亡有着极为重要的关系。一个强大的、称职的管理班子，或者有丰富经验的行业"明星"的管理团队，对于创业机会的吸引力是非常重要的。

二、致命缺陷

有吸引力的创业机会不应该有致命的缺陷，一个或更多的致命缺陷往往会使机会变得没有吸引力。例如市场太小、市场竞争过于激烈、进入市场的成本太高或不能以具有竞争力的价格进行生产等，都可能成为新创企业的致命缺陷。

1.4　环境分析

在本节，主要介绍常用的环境分析工具：外部环境 PEST 分析、波特五力模型和 SWOT 分析。

1.4.1　PEST 分析

PEST 分析法是进行战略外部环境分析的基本工具，它从政治(Politics)、经济(Economic)、社会(Society)和技术(Technology)四个角度或方面的因素进行分析，从总体上把握宏观环境，并评价这些因素对企业战略目标和战略制定的影响。

进行 PEST 分析需要掌握大量的、充分的相关研究资料，并且对所分析的企业有着深刻的认识，否则，此种分析很难进行下去。经济方面主要内容包括经济发展水平、规模、增长率、政府收支、通货膨胀率等。政治方面主要包括政治制度、政府政策、国家的产业政策、相关法律法规等内容。社会方面以人口、价值观念、道德水平为主要研究方向。技术方面包括高新技术、工艺技术和基础研究的突破性进展等内容。

1.4.2　波特五力模型

波特五力模型是迈克尔·波特(Michael Porter)于 20 世纪 80 年代初创立的分析工具，它对企业战略的制定存在全球性的深远影响。其中的"五力"分别是：供应商的讨价还价能力、购买者的讨价还价能力、潜在竞争者进入的能力、替代品的替代能力、行业内竞争者现在的竞争能力。

波特五力模型一般用于竞争战略的分析，可以有效地分析客户的竞争环境。波特的五力分析法是对一个产业盈利能力和吸引力的静态断面扫描，说明的是该产业中的企业平均拥有的盈利空间，所以这是一个产业形势的衡量指标，而非企业能力的衡量指标。通常这种分析法也可用于创业能力分析，以揭示本企业在本产业或行业中具有何种盈利空间。

1.4.3 SWOT 分析

SWOT 分析是新创企业进入市场进行机会评估的重要方法之一。它主要评估企业的优势、劣势、机会和威胁四个方面，用来对创业机会进行深入全面的评估和选择分析。从整体上看，SWOT 可以分为两部分：第一部分为"SW"，主要用来分析内部条件；第二部分为"OT"，主要用来分析外部条件。利用这种方法企业可以找出对自己有利的、值得选择的因素，以及对自己不利的、要避开的方面，发现存在的问题，找出解决办法，并明确做出是否创业的抉择。

根据这个分析，可以将问题按轻重缓急进行分类，明确哪些是目前急需解决的问题，哪些是可以延后处理的事情，哪些属于战略目标上的障碍，哪些属于战术上的问题，并将这些研究对象列举出来，依照矩阵形式排列，然后用系统分析的思想，把各种因素相互匹配起来加以分析，从中得出一系列相应的结论。这种结论通常有利于创业者做出正确的决策。

1.5　投融资与风险防范

1.5.1　创业融资渠道

创业融资的途径有很多，有银行贷款、民间资本、融资租赁、风险投资等，方式繁多，但选择适合自己的方式才是关键。创业融资大致可以分为两类，内源融资和外源融资。

一、内源融资

内源融资即利用个人或企业自身的积累(折旧、留存收益)直接转化为投资。创业者在创业期间可以通过向亲朋好友借钱的方式积累资金，该种融资方式比较简单，向熟人借钱也会大大减少资金风险。但这种融资方式也存在一定缺点，当无法按照约定时间还款时可能会影响亲朋好友间的感情。还有一种是合伙入股方式，合伙创业不但可以有效筹集到资金，还可以充分发挥人才的作用，并且有利于对各种资源进行充分利用与整合。

二、外源融资

外源融资是比较常见的获取融资的方式，可分为以下几种：

(1)银行贷款。银行贷款是人们在资金筹措不足情况下首先想到的融资方式。该种贷款的利率相对较合理，但银行对企业的申请要求相对比较高，新创公司一般难以从银行获得贷款。第二类是政府扶持类的政策性贷款，这往往是需要重点考虑的方式，但是要求较高。另外，还有个人创业贷款(一种风险比较大的融资方式，任何资金风险问题都是自己承担)、商业抵押贷款等融资方式。

(2)政府担保。政府担保即政府提供的政策性扶持资金，如若掌握高科技成果，那么不妨争取这种政策性的支持，一旦成功，资金问题自然迎刃而解。

另外，各地对农业项目的支持力度也是较大的，特别是在乡村振兴的大背景下，各地都大力发展高效农业，若有意到农村去创业，完全可以申请"农业发展基金"的支持。有些

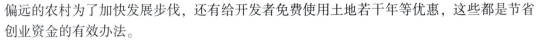

偏远的农村为了加快发展步伐，还有给开发者免费使用土地若干年等优惠，这些都是节省创业资金的有效办法。

（3）风险投资。创业者可以通过投融资平台投递项目，从而与投资人取得联系。投融资平台是近年来随着互联网的发展涌现的一批互联网服务平台，如经纬中国、IDG 资本、真格基金等国内一线知名投资机构。它们利用 AI 智能匹配，帮助创业者和投资人完成融资对接，力争让每一份商业计划书都能得到真实有效的反馈，使创业者对接投资人的效率大幅提升。

（4）民间资本。民间资本的投资操作程序较为简单，融资速度快，门槛也较低。需要提醒的是，在投资的时候，双方应把所有问题摆在桌面上谈，并清清楚楚地用书面形式表达出来。此外，对民间资本进行调研是融资前的"必修课"。

（5）融资租赁。融资租赁是一种以融资为直接目的的信用方式，表面上看是借物，而实质上是借资，通过租金的方式分期偿还。

（6）特许经营。特许经营是指特许者将自己所拥有的商标、商号、产品、专利和专有技术、经营模式等以合同的形式授予被特许者使用，被特许者按合同规定，在特许者统一的业务模式下从事经营活动，并向特许经营者支付相应的费用。现阶段连锁经营已成为一种引领市场潮流的营销模式。

1.5.2　创业风险防范

创业有风险，因此，创业投资融资首先也要防范风险，要从以下几个方面做起：

一、学会分析风险

创业者对每一经营环节都要学会分析风险，做什么都不能满打满算，要留有余地，对可能出现的风险要有明确的认识和克服的预案。

二、善于评估风险

通过分析，预测风险会带来哪些负面影响。例如，投资一旦失误，可能造成多大损失；投资款万一到期无法挽回，可能造成多大经济损失；贷款一旦无法收回，会产生多少影响；出现资金周转不良，会对正常经营造成哪些影响……

三、积极预防风险

积极预防风险的措施包括对投资方案进行评估、对市场进行周密调查、制定科学的资金使用政策等。一旦某个环节出了问题，一定要有采取补救措施的预案，尽可能减少负面影响。同时，还要加强管理，建立健全企业各种规章制度，特别是合同管理、财务管理、知识产权保护等方面的制度；在平时的业务交往中要认真签订、审查各类合同，加强对合同履行过程中的监督。

四、设法转嫁风险

风险不可避免，但可以转嫁。例如财产投保，就是转嫁投资意外事故风险；购入商品是转嫁筹资风险；以租赁代替购买设备是转嫁投资风险。创业也是如此，个人独资承担无限责任，但几个人共同投资，就是承担有限责任，就能分散风险。

第 2 章　企业创办与登记注册

本章学习目标

1. 了解新创企业类型，理解不同类型企业的特点和适用场景，能够根据具体情况选择合适的企业类型。

2. 掌握法人的定义及类型，了解法人人格制度，理解公司治理结构在有限责任公司中的应用，能够运用相关概念和原则进行企业治理。

3. 熟悉企业注册登记的流程和注意事项，了解新创企业注册的环节和步骤，能够按照规定完成企业注册登记的相关手续。

4. 理解新创企业团队建设的重要性，了解新创企业团队建设对企业成功的作用。

2.1　创业起步——企业类型的选择

现代企业，从广义上说，是根据国家、社会和投资者所赋予的责任，从事生产、流通或服务性等活动，以满足社会需要并以营利为目的，进行自主经营、自负盈亏和独立核算，以及独立享有民事权利和承担民事责任的团体法人。企业是在一定的财产关系基础上形成的，企业的行为倾向与企业产权结构之间有着某种对应关系，企业在市场上所进行的物品或服务的交换实质上也是产权的交易。

现代企业按其法律地位和组合特点分为独资、合伙和公司三种类型；按投资控股情况，可分为国有控股（包括国有绝对控股和国有相对控股）、集体控股（包括集体绝对控股和集体相对控股）和其他类别；按登记注册类型，可分为国有企业、公司制企业（包括国有独资企业、其他有限责任公司、股份有限公司、中外合资企业、港澳台合资企业）和其他。

2.1.1　新创企业类型比较

在创建新企业之前，创业者应该事先确定企业的法律组织形式。新创企业可以选择不同的组织形式，如可以创办单一业主制企业和一人有限责任公司，或者由几个人创办合伙制企业，也可以成立具有独立法人资格的公司制企业。按照我国的公司法、个人独资企业法和合伙企业法等相关法律规定，新创企业可选择的企业组织形式有个人独资企业、合伙企业、有限责任公司和股份有限公司，具体如表 2-1 所示。

表 2-1　常见创业公司类型比较一览表

比较项目	个人独资企业	合伙企业	股份有限公司	有限责任公司
对比优势	①企业设立手续简便，费用低；②所有者拥有企业控制权，可迅速对市场变化做出反应；③只缴纳个人所得税，无双重纳税问题；④在技术和经营方面易于保密	①创办比较简单、费用低；②经营比较灵活；③企业拥有更多人的智慧与技能；④资金来源较广，信用度较高	①创业股东只承担有限责任，风险相对较小；②公司筹资能力强；③公司具有独立决策性，易于存续；④职业经理人进行管理，管理水平高；⑤产权可以以股票形式存在，便于充分流动	①创业股东只承担有限责任，风险小；②公司具有独立决策性，易于存续；③可吸纳多个投资人，促进资本集中；④产权结构便于多元化，有利于科学决策
相对劣势	①创业者承担无限责任；②企业成功依赖创业者个人；③企业筹资相对困难；④企业随着创业者的退出而消亡，寿命有限，创业者投资的流动性低	①合伙创业人承担无限责任；②企业绩效依赖合伙人的能力，企业规模受限；③企业往往会因关键合伙人的死亡或退出而解散，经营受到较大影响；④合伙人的投资流动性低，产权转让困难	①创立的程序复杂，创立费用高；②存在双重纳税问题，税收负担较重；③要定期报告公司的财务状况，公开财务数据，不便于保密；④政府限制较多，法律法规的要求较严格	①创立程序比较复杂，创立费用较高；②存在双重纳税问题，税收负担较重；③不能公开发行股票，筹集资金的规模受限；④产权不能充分流动，资产运作易受到限制
法律依据	个人独资企业法	合伙企业法	公司法	公司法
法律基础	无章程或协议	合伙协议	公司章程	公司章程
法律地位	非法人经营主体	非法人营利性组织	企业法人	企业法人
责任形式	无限责任	无限连带责任	有限责任	有限责任
投资者	完全民事行为能力的自然人，法律、行政法规禁止从事营利性活动的人除外	完全民事行为能力的自然人，法律、行政法规禁止从事营利性活动的人除外	无特别要求，法人、自然人皆可	无特别要求，法人、自然人皆可

续表

比较项目	个人独资企业	合伙企业	股份有限公司	有限责任公司
注册资本要求	投资者申报	协议约定	根据不同的发起方式、募集方式或按法律法规规定执行	按经营类型分别有最低要求
出资要求	投资者申报	约定：货币、实物、土地使用权、知识产权或者其他财产权利、劳务等	法定：货币、实物、土地使用权、知识产权	法定：货币、实物、土地使用权、知识产权
组建成本与难易	成本低，易建立	成本低，易建立	成本高，建立复杂	成本高，建立相对容易
财产权性质	投资者个人所有	合伙人共有	法人财产权	法人财产权
出资转让要求	可继承	一致同意	完全转让	股东超半数同意
经营主体	投资者及其委托人	合伙人共同经营	股东不一定参加经营	股东不一定参加经营
企业决定权	投资者个人	全体合伙人或从约定	股东会	股东会
盈亏分担	投资者个人	约定，未约定可均分	投资额比例	投资额比例
解散程序	注销	注销	注销并公告	注销并公告
解散后的义务	5 年内承担责任	6 年内承担责任	无	无

2.1.2　新创企业类型选择

对于个人初创企业来说，一般采取个人独资企业或合伙企业的形式。当企业发展到一定规模时，可以改组为公司制企业的形式。

许多创业者认为，新创企业采用的最佳所有权形式是常规的有限责任公司。然而，实际上情况并非如此简单，许多其他法律形式，如合伙企业、个人独资企业、一人有限责任公司、股份有限公司甚至农村地区常见的合作社等，也非常普遍地存在于经济活动中。在对这些企业形式进行选择的过程中，确立想要达成的目标以及充分了解这些形式的各方面特点对创业者至关重要。

2.2　企业法人与公司治理结构

2.2.1　法人的定义及类型

什么是法人？法人是指具有民事权利能力和民事行为能力，依法独立享有民事权利和承担民事义务的组织。依照我国民法典的有关规定，法人被分为营利法人、非营利法人和特别法人。

营利法人是以取得利润并分配给股东等出资人为目的而成立的法人，营利法人包括有限责任公司、股份有限公司和其他企业法人等。非营利法人则是以公益目的或者其他非营利目的，不向出资人、设立人或者会员分配所取得利润的法人，非营利法人包括事业单位、社会团体、基金会、社会服务机构等。特别法人一般指机关法人、农村集体经济组织法人、城镇农村的合作经济组织法人和基层群众性自治组织法人。

另外需要说明的是，我国还有一种非法人组织，非法人组织是指不具有法人资格，但是能够依法以自己的名义从事民事活动的组织。非法人组织包括个人独资企业、合伙企业、不具有法人资格的专业服务机构等。

本书中所称的企业法人，一般是指营利法人，是以从事生产、流通、科技、服务等活动为内容，以获取盈利和增加积累、创造财富为目的的一种经营性组织。

2.2.2　法人人格制度

一、法人人格的概念与特征

所谓人格，是指民事权利主体的一种资格，法律和公俗民约均有说法。公民均具有人格和人格尊严。法人人格是指法人组织作为民事权利主体独立享有权利和承担义务的资格。法人人格具有下述特征(以有限责任公司和股份有限公司为例)：

(1)法人是独立于其成员的法律实体，这是法人人格最基本的内容。

(2)法人具有独立的权利能力和行为能力。

(3)法人财产与其成员财产相分离。公司具有独立财产，是法人人格不可或缺的要素和重要标志。

(4)法人独立责任与成员有限责任。这是指公司对其自身的债务负责，其成员仅以其出资额为限对公司负责。

二、有限责任

有限责任是法人人格制度的核心内容。正是这种公司成员承担有限责任和公司独立承担责任的制度使法人人格得到充分体现，这被称为现代企业制度的基石。有限责任包括两个层面的内容：一是法人内部，股东以其出资额或股份为限对企业债务承担有限责任；二是法人外部，法人以其全部资产为限对企业债务独立承担责任。

三、法人人格制度的重要性

法人人格制度很重要，具有以下的积极作用：

(1)赋予公司权利，排除公司股东个人意志的干涉，便于公司有效地参与法律关系，为投资者谋取利益。

(2)构成了公司债权人与投资者之间的一道屏障，并有效地将二者隔开。债权人的债权只能以公司的财产为全部担保，通常不能直接追索到背后的投资人。在此意义上，保证了由投资者或股东承担有限责任。

(3)使债权人明确知晓交易对象及交易风险的大小，从而可以自由地做出选择，并对法人人格的健全与否进行监督。

由上可以看出，法人人格制度本就是调节投资者利益与债权人利益的一种平衡器，然而，在现实生活中，这种运作方式往往导致法人人格制度中的利益内容偏向投资方或控制股东一方。因此，在目前甚至以后的发展过程中，我国应对企业法人人格与投资者之间的关系做出进一步的限制性严格要求。

2.2.3　公司治理结构（以有限责任公司为例）

有限责任公司的治理结构是指有限责任公司内部权力分配的法律形式，即人们经常所说的"三会一总"（也叫"三会一层"）框架结构。这是法人公司最常见的、法定的组织机构设置形式。"三会"分别为股东会、监事会、董事会。股东会是公司最高权力机构，选举产生董事会成员和监事会成员，是非常设机构；董事会是公司日常权力执行机构，是常设机构；监事会是公司监督机构，也是常设机构。在董事会的领导下，设立总经理一职，向董事会负责，主要从事公司的日常经营管理。有限责任公司组织机构"三会一总"与职能部门的关系如图 2-1 所示。

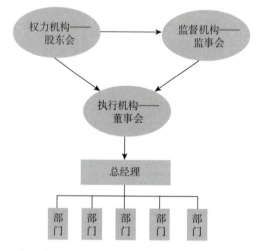

图 2-1　有限责任公司组织机构"三会一总"与职能部门的关系

一、股东会

公司股东依法享有资产收益、参与重大决策和选择管理者等权利。股东按照实缴的出资比例分取红利，公司新增资本时，股东有权优先按照实缴的出资比例认缴出资。但是，全体股东自我约定不按照出资比例分取红利或者不按照出资比例优先认缴出资的除外。股东有权查阅、复制"公司章程"、股东会会议记录、董事会会议决议、监事会会议决议、财务会计报告和公司账簿。有限责任公司股东会由全体股东组成，股东会是公司的权力机构，依照《中华人民共和国公司法》（以下简称《公司法》）行使职权。

按照《公司法》相关规定，股东会可行使下列职权：

（1）决定公司的经营方针和投资计划。

（2）选举和更换非由职工代表担任的董事、监事，决定有关董事、监事的报酬事项。

（3）审议批准董事会的报告。

（4）审议批准监事会或者监事的报告。

（5）审议批准公司的年度财务预算方案、决算方案。

（6）审议批准公司的利润分配方案和弥补亏损方案。

（7）对公司增加或者减少注册资本做出决议。

（8）对发行公司债券做出决议。

（9）对公司合并、分立、变更公司形式、解散和清算等事项做出决议。

（10）修改公司章程和公司章程规定的其他职权。

对前款所列事项，股东以书面形式表示一致同意的，可以不召开股东会，直接做出决定，并由全体股东在决定文件上签名盖章。

二、董事会

有限责任公司设董事会，按照《公司法》相关规定，其成员为 3~13 人。有限责任公司董事会成员中可以是公司职工代表，由公司职工通过职工代表大会、职工大会或者其他形式民主选举产生。董事会设董事长一人，可以设副董事长，董事长和副董事长的产生办法由公司章程规定。股东人数较少或者规模较小的有限责任公司，可以设一名执行董事，不设立董事会。执行董事可以兼任公司总经理，其职权由公司章程规定。董事会决议的表决，实行一人一票制。

按照《公司法》相关规定，董事会对股东会负责，行使下列职权：

（1）召集股东会议，并向股东会报告工作。

（2）执行股东会的决议。

（3）决定公司的经营计划和投资方案。

（4）制定公司的年度财务预算和决算方案。

（5）制定公司的利润分配方案和弥补亏损方案。

（6）制定公司增加或者减少注册资本以及发行公司债券的方案。

（7）制定公司合并或分立、解散或变更公司形式的方案。

（8）决定公司内部管理机构的设置。

（9）决定聘任或者解聘公司总经理及其报酬事项，并根据总经理的提名决定聘任或者解聘公司副总经理、财务负责人及其报酬事项。

（10）制定公司的基本管理制度。

（11）公司章程规定的其他职权。

三、监事会

按照《公司法》相关规定，有限责任公司设监事会，其成员不得少于 3 人。股东人数较少或者规模较小的有限责任公司，可以设 1~2 名股东代表和适当比例的公司职工代表，不设立监事会。监事会应当包括的职工代表比例不得低于 1/3，具体比例由公司章程规定。监事会中的职工代表由公司职工通过职工代表大会、职工大会或者其他形式民主选举产生。监事会设主席一人，由全体监事超过半数选举产生。董事、高级管理人员不得兼任监事。

按照《公司法》相关规定，监事会和不设监事会的公司监事可行使下列职权：

（1）检查公司财务。

（2）对董事、高级管理人员执行公司职务的行为进行监督，对违反法律、行政法规、公司章程或者股东会决议的董事、高级管理人员提出罢免的建议。

（3）当董事、高级管理人员的行为损害公司的利益时，要求董事、高级管理人员予以纠正。

（4）提议召开临时股东会，在董事会不履行《公司法》规定的召集和主持股东会职责时召集和主持股东会。

（5）向股东会会议提出提案。

（6）依照《公司法》第一百五十二条的规定，对董事、高级管理人员提起诉讼。

（7）《公司章程》规定的其他职权。

监事可以列席董事会会议，并对董事会决议事项进行质询或者提出建议。监事会或不设监事会的公司的监事发现公司经营情况异常，可以进行调查。必要时，可以聘请会计师事务所人员等协助其工作，费用由公司承担。

四、经理

按照《公司法》相关规定，有限责任公司可以设经理，由董事会决定聘任或者解聘。经理对董事会负责，行使下列职权：

（1）主持公司的生产经营管理工作，组织实施董事会决议。

（2）组织实施公司年度经营计划和投资方案。

（3）拟定公司内部管理机构设置方案。

（4）拟定公司的基本管理制度。

（5）制定公司的具体规章。

（6）提请聘任或者解聘公司副经理、财务负责人。

（7）决定聘任或者解聘除应由董事会决定聘任或者解聘以外的负责管理人员。

（8）董事会授予的其他职权。

经理列席董事会会议，若公司章程对经理职权另有规定的，则从其规定。

五、董事、监事、高级管理人员的任职限制

按照《公司法》相关规定，有下列情形之一的，不得担任公司的董事、监事、高级管理人员。

（1）无民事行为能力或者限制民事行为能力。

（2）因贪污、贿赂、侵占、挪用财产或者破坏社会主义市场经济秩序，被判处刑罚，执行期满未逾五年，或者因犯罪被剥夺政治权利，执行期满未逾五年。

（3）担任破产清算的公司、企业的董事或者厂长、经理，对该公司、企业的破产负有个人责任的，自该公司、企业破产清算完结之日起未逾三年。

（4）担任因违法被吊销营业执照、责令关闭的公司、企业的法定代表人，并负有个人责任的，自该公司、企业被吊销营业执照之日起未逾三年。

（5）个人所背负的数额较大债务到期未清偿。

2.3 企业注册登记与流程

通过自己勤奋的双手，创建一家好的公司，赢得大家的信赖，做一名受人尊敬的企业家，这是很多人梦寐以求的目标。有了创意和方案，有了人、财、物，有了目标，那就需要到相关的政府部门办理登记注册手续，领取营业执照。如果从事的是特定行业，还须事先取得相关主管部门的批准文件。

2.3.1　新创企业注意事项

创业者需要了解《企业登记管理条例》《公司登记管理条例》《公司注册资本登记管理规定》等工商管理相关的法规和规章。设立特定行业的企业，还有必要了解有关开发区、高新区、高科技园区、软件园区(基地)等方面的法律、规章及有关的地方规定，这样有助于选择创业地点和创业条件，以便享受补贴、补助、税收等优惠政策。

根据《公司法》《公司登记管理条例》《公司注册资本登记管理规定》，我国实行法定注册资本制。如果创业者不是以货币资金出资，而是以实物、知识产权等无形资产或股权、债权等出资，创业者还需要了解有关出资要求以及资产评估等方面的法规或规则。

企业设立后，需要到税务部门进行税务登记，需要会计人员处理财务，其中会涉及税法和财务制度。因此，创业者需要了解企业要缴纳哪些税，如营业税、增值税、所得税等，还需要了解哪些支出可以算进成本，有关的项目开办费、固定资产等应该怎么摊销等。同时，根据不同行业、行业的不同时期，税收优惠幅度也可能会有不同。另外，财务人员还要掌握更多合理避税的方法，既依法缴纳税收，又能合理节约税收成本，以保证企业效益。

新开办的企业还需要聘用员工，其中会涉及劳动法和社会保险问题，需要了解有关的劳动合同、服务期限、商业秘密、竞业禁止、工伤、养老金、住房公积金、医疗保险、失业保险等多项规定。

2.3.2　新创企业注册的环节

一、企业注册流程

公司核名(确定公司名字)→开验资户→验资(完成公司注册资金验资手续和会计师出具验资报告)→签字(前往工商登记部门核实签字)→申请营业执照→刻公章→申请办理组织机构代码证→申请办理税务登记证→办理基本账户和纳税账户→办理税种登记→办理税种核定→办理印花税→办理纳税人认定→办理办税员认定→办理发票认购手续→开始经营。

二、主要环节的方法/步骤

(1)办理企业名称核准。

第一步：咨询后领取并填写名称(变更)预先核准申请书、投资人授权委托意见，同时准备相关材料；

第二步：递交名称(变更)预先核准申请书、投资人身份证、备用名称若干及相关材料，等待名称核准结果；

第三步：领取企业名称预先核准通知书。

(2)确定公司地址。选定位置并进行租房，租房后要签订租房合同，一般要求必须用工商局的统一制式租房协议，并让房东提供房产证的复印件、房东身份证复印件。

房屋提供者应根据房屋权属情况，分别出具以下证明：

①房屋提供者如有房产证，应另附房产证复印件并在复印件上加盖产权单位公章或由产权人签字。

②无产权证的由产权单位的上级或房产证发放单位在"需要证明情况"栏内说明情况并

盖章确认；地处农村地区的也可由当地政府在"需要证明情况"栏内签署同意在该地点从事经营的意见，并加盖公章。

③产权为军队房产，应提交加盖中国人民解放军房地产管理局专用章的"军队房地产租赁许可证"复印件。根据军委和国家相关规定，军队房产今后将逐步转变为地方管理。

④房屋为新购置的商品房又未办理产权登记的，应提交由购房人签字或购房单位盖章的购房合同复印件及加盖房地产开发商公章的预售房许可证、房屋竣工验收证明的复印件。

⑤房屋提供者若为经工商行政管理机关核准具有出租经营权的企业，可直接在"房屋提供者证明"栏内加盖公章，同时应出具加盖本企业公章的营业执照复印件，不再要求产权证。

⑥将住宅改变为经营性用房的，属城镇房屋的，还应提交登记附表——住所（经营场所）登记表及所在地居民委员会（或业主委员会）出具的有利害关系的业主同意将住宅改变为经营性用房的证明文件。属非城镇房屋的，须提交当地政府规定的相关证明。

（3）形成公司章程。可以在工商局网站获取"公司章程"的样本，修改一下就可以了。章程的最后由所有股东签名，并署明日期。

（4）申办公司营业执照。申办公司营业执照的时限是在受理后5个工作日可领取执照。有限责任公司设立登记应提交的文件、证件：

①企业设立登记申请书（内含企业设立登记申请表，单位投资者（单位股东、发起人）名录，自然人股东（发起人）、个人独资企业投资人、合伙企业合伙人名录，投资者注册资本（注册资金、出资额）缴付情况，法定代表人登记表，董事会成员、经理、监事任职证明，企业住所证明等）。

②公司章程（提交打印件一份，请全体股东亲笔签字；有法人股东的，要加盖该法人单位公章）。

③法定验资机构出具的验资报告。

④企业名称预先核准通知书及预核准名称投资人名录表。

⑤股东资格证明。

⑥指定（委托）书。

⑦经营范围涉及前置许可项目的，应提交有关审批部门的批准文件。

（5）刻公章。凭已领取的营业执照，到公安局指定的刻章社去刻印公章、合同章和财务章。在后面步骤中，均需要用到公章或财务章。

（6）办理组织机构代码证。企业法人代码登记办事机构为质量技术监督局窗口办理，时限是受理后1~5个工作日，提供材料如下：

①营业执照副本原件及复印件。

②单位公章。

③法人代表身份证原件及复印件（非法人单位提交负责人身份证原件及复印件）。

④集体、全民所有制单位和非法人单位提交上级主管部门代码证书复印件。

⑤单位邮编、电话、正式职工人数。

⑥经办人身份证原件及复印件。

（7）办理税务登记证书。

办理事项：税务登记（自领取营业执照之日起30日内办理）。

办理地点：税务登记机关窗口。

所需时间：需 10~15 个工作日；外省市办理税务登记 2~3 个工作日。

提供材料："个体经济"可不报送以下的②④⑤项材料。

①营业执照副本原件及复印件。

②企业法人组织机构代码证书原件及复印件。

③法人代表身份证原件及复印件。

④财务人员身份证复印件。

⑤公司或企业章程原件及复印件。

⑥房产证明或租赁协议复印件。

⑦印章。

⑧从外区转入的企业，必须提供原登记机关完税证明(纳税清算表)。

⑨税务机关要求提供的其他有关材料。

(8)开设企业基本账户。凭营业执照正本、税务登记证正本、组织机构代码证正本及法人身份证、公章、财务专用章、法人章，去银行开立基本账户。开好基本账户后，要去原验资银行办理验资销户。

(9)凭基本账户和税务登记证办理和经营有关的税务事项：

①申请办理减税、免税、退税。

②申请办理外出经营税收管理证明。

③领购发票。

④申请办理税务机关规定的其他有关税务事项。如果税务登记内容发生变化，企业还要办理变更登记手续。

2.4　新创企业相关的法律法规

我们国家实行社会主义市场经济体制，创业、投资离不开法律政策的引导、保障和规范。今后，将进一步建立健全全国统一大市场，以法治经济、法治社会来保证中华民族实现伟大复兴的中国梦。因此，创业者需要了解甚至熟知一些常用法律法规及政策，用法律来规范投资、经营和管理行为，尽可能少走弯路，以保证各项合理权益得到保障，避免出现违法行为和不必要的纠纷。我国的法律及政策法规数量众多，创业者不可能熟悉所有的法律法规，但熟悉或了解其中那些与创业相关的、重要的法律却是非常必要的。

2.4.1　相关的法律与法规分类

与创业相关的法律与法规大体可以分为三类，在这里，我们进行了汇总：

第一类是涉及主体身份、调整平等主体之间关系的主体法和程序法。包括《中华人民共和国民法典》《中华人民共和国公司法》《中华人民共和国合伙企业法》《中华人民共和国个人独资企业法》《中华人民共和国中小企业促进法》以及《中华人民共和国公司登记管理条例》和《中华人民共和国企业法人登记管理条例》等，这些法律规定了创业者参与经济生活的各种不同的主体身份，以及各自的权利和义务。

第二类是涉及企业运营和对企业运营进行规范、管理的法律。包括《中华人民共和国票据法》《中华人民共和国消费者权益保护法》《中华人民共和国民法典》《中华人民共和国劳动法》《中华人民共和国担保法》《中华人民共和国著作权法》《中华人民共和国商标法》以及《中华人民共和国专利法》等。其中劳动法、合同法、担保法以及知识产权方面的法律在日常经营管理中是极为重要的，我们要遵守法律，同时也要善于运用法律武器来保护我们的合法权益。

第三类是涉及税收和社会责任方面的法律法规。对于创业者和企业经营者来说，比较重要的税收方面的法律有流转税法（包括增值税、营业税和消费税）和所得税法（包括个人所得税和企业所得税），还有国家或地方政府规定的涉及教育、医疗等的附加提留等社会责任。

2.4.2　相关法律法规的核心内容

一、知识产权保护

知识产权由专利、商标、著作权、商业机密和企业互联网域名等无形资产和商业标记组成。这些资产能够使企业在市场中获得竞争优势，形成品牌价值与优势，这些资产若遭受损害，往往比物质资产或设备的损失更加严重，稍有不慎就会导致整个企业的灭顶之灾。

有时候，创业者可能难以确定哪些属于知识产权，应该如何运用或运用哪些法律来保护知识产权。那么，该怎么操作才好呢？

确定某项知识产权是否需要作为特别知识资产来加以保护，主要有两个原则：第一个是企业应当确定这项知识产权是否与竞争优势直接相关。如果是创业与发展赖以生存的核心技术或者服务模式，则是要保护的重中之重。第二个是判断某个项目是否具有市场价值。新创企业经常犯的错误是发明了某种产品或服务并花费大量的金钱去申请专利，却发现这种产品或服务往往根本没有市场。因此，在开发商业性创意并运用法律保护手段之前，应进行正确的市场调研。

我国知识产权立法主要分为三种类别：著作权（版权）、专利权和商标权。此外，对企业来讲，这四种权益也是需要认真做好保护的：企业名称、商业机密、网站名称和互联网域名。

（1）专利。专利，一般也称专利权，是指国家依法授予发明人、设计人或者其所属单位对某发明创造在法律规定的期限内享有的专有权或独占权。授予专利的机关是国家知识产权局。国家知识产权局对专利申请要经过仔细审查、公示，经确认申请人的权属确实没有争议后，才会授予在一定期限和中国范围内受法律保护的专利证书。授予专利权的项目应当具备新颖性、创造性和实用性三项条件。按照专利的客体，可以分为发明、实用新型和外观设计三种。大学生思维活跃，适合于从事发明和创新，因此，可以根据个人爱好和专业知识，积极进行发明创新，并积极申请相关专利。

当创业者开发出某种热门产品或者技术后，如果没有获得专利保护，就有可能遭到竞争对手或其他企业的模仿。在新创企业刚成立的时候，往往只有这么一项竞争优势，其他系列优势还没有形成，如果丧失了这一优势，创业者前面所有的一切努力都会白费。如果让比自己强大的竞争对手批量生产自己开发出来的产品而自己却束手无策，那就只能意味着巨大的失败。申请专利，可以给创业者一段有利时间，在产品和服务被其他企业模仿之前，为创业者建立起有效的发展根基，培养起与所生产的产品和服务相匹配的生产和销售能力，这些都会对企业的发展形成有效保护。

（2）商标。我国商标法规定，商标就是使经营者的商品或者服务与其他经营者的商品或者服务相互区别的标记。商标一般由文字、字母、数字、图形，以及产品的形状、外观或包装和带有标志的彩色组合、颜色组合等构成。如麦当劳的金拱门、肯德基的大叔、奔驰的三叉星标志都是很好的商标例子。

在我国，企业或组织的商标可以根据其意愿决定是否注册（人用药品和烟草制品的商标必须注册），但只有注册过的商标才受到法律的保护。商标注册是商标注册申请人为取得商标权，依照法律规定的程序，将其所有的商标向商标局提出注册申请，经商标局审核，核准注册的一系列程序的总称。目前在我国，商标注册是取得商标权的唯一途径和依据。只有经过注册的商标，其所有人才能获得商标权，才能受到法律保护。

新创企业在注册商标时还应注意我国商标法的一些规定，例如下述就是禁止使用的文字与图形：

①与中华人民共和国的国家名称、国旗、国徽、军旗、勋章相同或近似的文字、图形。

②与外国的国家名称、国旗、国徽、军旗相同或近似的文字、图形。

③与政府间国际组织的旗帜、徽记、名称相同或近似的文字、图形。

④与"红十字""红新月"标志、名称相同或近似的文字、图形。

⑤本商品的社会通用名称和图形。

⑥直接表示本商品的质量、主要原料、功能、用途、重量、数量及其他特点的文字、图形。

⑦带有民族歧视性的文字、图形。

⑧夸大宣传并带有欺骗性的文字、图形。

⑨有害于社会主义道德风尚或者有其他不良影响的文字、图形。

⑩县级以上行政区划的地名或者公众知晓的外国地名，不能作为商标，但地名有其他含义的除外，已经注册的使用地名的商标继续有效。

（3）著作权。著作权是一种向原创作品，包括手稿、软件、文章、诗歌、音乐、戏曲、艺术、蓝图和其他智力作品的作者提供知识产权保护的形式，是作者及其他著作权人对文字、艺术、科学作品所享有的人身权利和财产权利的总称。

著作权赋予著作权拥有者和其授权人发行、改编、复制或展览其作品的权利。在我国，著作权保护期从作品形成之日起持续到作者去世后的 50 年。当然，在我国受著作权保护的作品，在其他国家不一定会受到保护，因此，若作品涉及国外版权保护问题，需根据国外相关的法律条款进行。在我国，著作权法对著作权的保护，采用创作保护主义的原则。只要作者独立完成了作品的创作，就自动取得了著作权。也就是说，著作权的取得，完全基于作者独立创作的行为或事实，而不需要其他任何法律事实的存在。只要属于独立创作的作品，就可以享有受法律保护的著作权，并且著作权是不可剥夺的。同时著作权也可以进行登记，而且登记后可以起到证据的作用。

还有一点需要提醒，我国著作权法规定，公民为完成法人或非法人单位工作任务所创作的作品为职务作品，著作权由作者享有，但法人或非法人单位有权在其业务范围内优先使用。但如果作者主要利用了法人或非法人单位的物质技术条件进行创作，则作者只享有署名权，著作权的其他权利由法人或非法人单位享有。

二、保护劳动者权益的劳动法

有关保护劳动者权益的法规中，最基本的是劳动法。创业者应该对其中的劳动保护条例有所了解。劳动保护，是指国家为了劳动者在生产过程中的安全与健康而采取的各项保护措施，是保证劳动者身体健康不受伤害，保持和提高劳动者持久的劳动能力的组织和技术措施的总称。

劳动保护的内容主要有以下几个方面：

（1）用人单位必须建立、健全劳动安全卫生制度，严格执行国家劳动安全卫生规程和标准。劳动者对用人单位的管理人员的违章指挥、强令冒险作业，有权拒绝执行；对危害生命安全和身体健康的行为，有权提出批评、检举和法律控告。

（2）劳动者每日工作时间不超过 8 小时，平均每周不超过 44 小时。用人单位应当依法安排劳动者在法定假日休假。用人单位安排劳动者延长工作时间的，应支付不低于该劳动者工资标准 150% 的工资报酬；平时休息日安排劳动者工作又不能安排补休的，支付不低于其工资 200% 的工资报酬；法定假日安排劳动者工作的，支付不低于其工资 300% 的工资报酬。

（3）不得安排年满 16 周岁且未满 18 周岁的未成年人从事矿山井下、有毒有害、国家规定的第四级体力劳动强度的劳动和其他有禁忌从事的劳动。用人单位应当对未成年人定期进行健康检查。

（4）不得安排女职工在月经期从事高空、低温、冷水作业和国家规定的第三级体力劳动强度的劳动。不得安排女职工在怀孕期间从事国家规定的第三级体力劳动强度的劳动和在孕期禁忌从事的劳动。对怀孕七个月以上的女工，不得延长工作时间和安排夜班劳动。同时我国劳动法还对女工的产假做出了详细的规定。

创业者一旦与职工签订劳动合同，就会与其发生一系列的劳资关系。这种关系有的是通过合同形式确认的。但现实中有的企业与职工没有合同约束，因此，有可能出现劳资冲突问题，而要有效地解决这些冲突则需要熟悉劳动法规，做到充分尊重职工。

三、用合同法保护自己的合法权益

合同法的核心目标在于确保签订合同各方遵守法律，是调整平等主体之间合同关系的法律规范的总和。我国的合同法涉及以下内容：买卖合同、借款合同、租赁合同、赠与合同、承揽合同、技术合同、建设工程合同、运输合同、保管合同、委托合同、仓储合同和居间合同等。

签订合同，对于创业者来说是经营活动过程中的一项重要内容，可以说有时候一份合同签订是否顺利，往往关系到新创企业的成功与失败。因此，为了保证合同签订的成功率与效益性，创业者在签订合同之前务必要有针对性地做好以下各项准备：一要弄清楚合同签订的必要条件和程序；二要了解对方当事人是否具备法定的主体资格；三要审核合同涉及的业务是否属于对方经营范围，对方有无交易资格；四要对对方的资信进行审核、考察等。

总之，企业签合同是一项非常重要的事项，创业者只有对对方的情况有了全面的了解，才能有的放矢，顺利达成自己的目标。

四、影响企业与个人收益的税法

税率高低直接影响新创企业的效益甚至存活。研究发现，创业者更愿意到税率低的地方创办新企业。如果税率很高，创业者就只能存留所赚利润的一小部分，因而获得的收益就很少，以致不足以抵消创建新企业所带来的风险。

清晰掌握所经营产品或产业项目应该缴纳的税率是十分重要的。下面简要列出我国税法相关税种对不同类型企业的税率情况：

(1)增值税。对于一般纳税人来说，正常经营、销售或者进口货物除《中华人民共和国增值税暂行条例》第二条第(二)、(三)项规定外，税率为17%；而经营、销售或进口诸如粮油产品、自来水、天然气等民生产品或制品、农业物资、饲料、书报或国家单独规定的其他货物，税率为13%；"营改增"地区、物流运输业，税率为11%；六项现代服务业，税率为6%。

(2)营业税。娱乐业税率为20%；一般服务业、金融保险业、房地产开发业、无形资产转让税率为5%；建筑安装业、交通运输业、邮电通信业、文化体育业税率为3%。

(3)企业所得税。我国所得税法规定的法定税率为25%，对于内资企业和外资企业执行标准一样；国家需要重点扶持的高新技术企业为15%；小型微利企业为20%；非居民企业为20%。

(4)个人所得税。个人所得税税率会根据国家经济社会发展实际情况，阶段性微调。表2-2、表2-3是2022年我国个人所得税税率执行情况。

表2-2　个人所得税税率表(综合所得适用)

全年应纳税所得额超过36 000元的税率(3%)
全年应纳税所得额超过36 000元至144 000元的税率(10%)
全年应纳税所得额超过144 000元至300 000元的部分的税率(20%)
全年应纳税所得额超过300 000元至420 000元的部分的税率25%
全年应纳税所得额超过420 000元至660 000元的部分的税率30%
全年应纳税所得额超过660 000元至960 000元的部分的税率35%
全年应纳税所得额超过960 000元的部分的税率45%

表2-3　个人所得税税率表(经营所得适用)

全年应纳税所得额不超过30 000元的税率5%
全年应纳税所得额超过30 000元至90 000元的部分税率10%
全年应纳税所得额超过90 000元至300 000元的部分税率20%
全年应纳税所得额超过300 000元至500 000元的部分税率30%
全年应纳税所得额超过500 000元的部分税率35%

(注1：本表所称全年应纳税所得额是指依照《中华人民共和国个人所得税法》第六条的规定，居民个人取得综合所得以每一纳税年度收入额减除费用6万元以及专项扣除、专项附加扣除和依法确定的其他扣除后的余额。

注2：非居民个人取得工资、薪金所得，劳务报酬所得，稿酬所得和特许权使用费所得，依照本表按月换算后计算应纳税额。

注3：本表所称全年应纳税所得额是指依照本法第六条的规定，以每一纳税年度的收入总额减除成本、费用以及损失后的余额。)

在我国，对于创业者和企业经营者来说，比较重要的税法有流转税法（增值税法和营业税法）和所得税法（个人所得税法和企业所得税法）。此外，在不同的地区，还可能会有一些当地税种，如一些政策性开发区、产业园区、保税区等。创业者在选择创业所在地和企业形式时都应该考虑这些税收政策，充分运用合理的税收策略，来实现企业税后利润最大化。

一般来说，在收入相同的情况下，创业时选择个体工商户、个人独资或合伙企业形式时所承担的税负基本是一样的，而选择私营企业时税负相对要重一些。但个人独资企业、合伙企业、私营企业三种形式的企业，都是法人单位，在发票的申购、纳税人的认定等方面占有一定优势，比较容易开展业务，经营范围也比较广，并且可以享受国家的一些税收优惠政策。

最后，简要比较一下几种企业形式在责任承担方面的区别。在个人独资企业、合伙企业和私营企业三种形式中，私营企业以有限责任公司的形式出现，只承担有限责任，风险相对比较小；个人独资企业和合伙企业由于要承担无限责任，风险相对较大，特别是个人独资企业还存在增值税、纳税人认定等相关法规不易操作的现象，加大了企业风险。而合伙企业由于是由多方共同兴办的企业，在资金的筹集等方面存在优势，承担的风险也相对较小。相对于有限责任公司而言，较低的税负有利于个人独资企业、合伙企业的发展。因此，创业者在选择企业类型时，应充分考虑税种与税率等因素，选择适合的最优方案。

2.5 新创企业团队建设与运营管理

人是企业管理和运转中最关键的要素。宝洁公司前董事长曾经说过："如果你把我们的资金、厂房、品牌留下，把我们的人带走，我们公司会垮掉；如果你拿走我们的资金、厂房及品牌，而把我们的人留下，10年内我们将重建一切。"企业发展离不开人才组成的团队。因此，对于新创企业来说，团队建设特别重要，好的、富有精气神的团队，可以成就一家举世闻名的企业；相反，人才和团队都不靠谱的企业，也可以让一家举世闻名的企业轰然倒塌。

新创企业既可能只是为某个创始人或其亲朋好友提供了就业机会，也可能是一个具有较高发展潜力的公司，两者之间的主要差别就在于是否存在一个高质量的创业团队。没有团队的创业也许并不一定会失败，但要创建一个没有团队而具有高成长性的企业却极其困难，尤其在当今科技日新月异、经济快速发展的时代。

2.5.1 团队及其作用

一、团队与群体的区别

团队并不是人们通常所说的"群体"，它们的根本差别是，团队中的成员所做的贡献是互补的，也就是通常所说的"1+1>2"，而群体中的成员之间在很多环节上往往是可以互换的，顶多也是相互提供帮助或便利条件罢了。具体区别在以下几个方面：

（1）团队的成员对实现团队目标一起承担成败得失责任，同时还承担个人责任，而群体的成员则只承担个人成败责任。

（2）团队的绩效评估以团体整体表现为依据，而群体的绩效评估则以个人表现为依据。

（3）团队的目标实现需要成员间彼此协调且相互依存，而群体的目标实现却不需要成员间的相互依存性。

（4）团队比群体在信息共享、角色定位、参与决策等方面一般也更进一步。

因此，团队是群体的特殊形态，是一种为了实现某一目标而相互协作、依赖并共同承担责任的由个体所组成的正式群体。具体而言，团队是由两个或两个以上具有不同技能、知识和经验的人所组成，具有特定的工作目标，成员间相处融洽并愿意在一起工作，互相依赖、技能互补、成果共享、责任共担，通过成员间的协作、支援、配合和努力实现共同目标。真正的团队不只是徒有其名的一群人，而是能够做到超过同样的一组以非团队模式工作的个体集合，尤其是当组织的绩效由多样的技能、经验、知识和判断所决定时，更是如此。因此，我们需要特别重视团队建设，这不是嘴上说一说就能成的小事。

二、高绩效团队优势

（1）团队能提高识别、开发和利用机会的能力。团队成员们所具有的知识、经验和技能的组合，可以使团队对创业机会识别进行更为科学、理性的评价，对机会开发方案的选择更为准确、全面，以避免决策失误。同时，团队成员广泛的社会联系和内部更多的积累，可以有效地获得开发机会所需要的资源，增加对机会开发成功的可能。

（2）团队能提高新创企业的运作能力，发挥协同效应。成员间互补的技能和经验组织到一起，可以超过团队中任何个人的知识、技能和经验。这些在更大范围内的组合使团队较为轻松地应对多方面的挑战，比如创新研究、市场开发、营销管理、财务管理、质量控制和客户服务，并形成以一种特殊的企业文化协同工作的优势。

（3）团队能为组织发展和管理工作提供独特社会视角。通过共同努力克服各类障碍，使团队中的个体对相互的能力与协作建立起信任和信心，并加强共同追求高于和超越个人及其职能工作之上的团队业绩的意愿。工作的意义和成员的努力都使团队价值得以深化，从而使团队业绩最终成为对团队自身的激励因素，也就是人们常说的"良性运转"。

（4）团队有利于营造更加轻松愉快的心理环境。良好的团队氛围与团队的业绩是相辅相成的，它能够使团队的成员愿意为了实现团队的目标而一起工作，并且为了团队的业绩成果而相互信任鼓励。这种令人满意的心理环境支持有利于创造团队的高效和高业绩，并且也因团队的优秀业绩而得以不断延续。

2.5.2　创建高绩效团队

新创企业不仅要组建一支优秀的团队，更要创建高效运行、高绩效导向的富有朝气和战斗力的团队。高绩效团队通常具有以下七个特征：

（1）清晰的目标。目标是行动的指挥棒，高绩效团队对所要达到的目标非常清晰，并坚信这一目标实现所带来的重大意义和价值。建立在愿景之上的共同目标，既能使团队的每位成员为之努力奋斗，又能激励团队成员把个人目标升华到企业目标中去。在高绩效团队中，每位成员都清晰了解企业希望他们做什么，以及怎样共同工作才能完成任务。

（2）互补的技能。有高超技术的人不一定有良好的合作技巧，但是，高绩效团队可以兼而有之。高绩效团队由一群有能力的成员组成。他们具有实现理想所必需的技术和能力，而且相互之间有能够良好包容合作的个性品质，成员之间有良好的能力互补，这种能力互补既有助于强化团队成员间彼此的合作，又能保证整个团队的战斗力，从而出色地完成任务，实现团队目标。

（3）良好的沟通。高绩效团队成员间通过畅通的渠道交流信息，管理层和团队成员之间有健康良性的信息反馈机制，并经常依据目标的实现进行协调沟通，鼓励成员将他们认为最困难、最复杂、最具冲突性的问题放到团队中来讨论，自由表述各自的观点并加以验证，使彼此真诚相待，让每个人以务实的想法在交流中碰撞出解决问题的思路。

（4）高度的凝聚力。优秀的团队都具有很强的凝聚力，正是这种凝聚力使所有的团队成员紧紧地团结在一起，从而最大限度地发挥自己的作用，促使团队目标的实现，形成组织良性发展的强大生命力。一个团队并非简单几个人的集合，而是由一群有共同理想、能同甘共苦的人组合在一起的。在这个组合中，成败属于整体而非个人，成员不但能同甘共苦，而且可以公平合理地分享经营成果，整个团队具有强大的凝聚力与整体感。团队中的每个成员都能认识到他们是一股紧密联系而又不可或缺的力量，唯有团队整体的成功才能使其中所有的人都获益。任何个人都不可能撇开团队的整体利益而单独获益；反之，团队中任何一个人的损失也将对整个团队的利益造成损失，从而影响每一位成员的利益。

（5）公平合理的分配机制。公平合理的分配机制，关系着团队的团结稳定和公司的治理结构，也直接决定了团队的效率。所谓公平合理，就是要体现成员的贡献与其所获得收益相匹配的原则。一般来说，股权是团队成员根本利益关系的体现和行使权力的基础，股权激励机制是现今比较流行的利益联结和分配机制。股权分配不一定要均等，但要合理、透明与公平。通常主要贡献者会拥有比较多的股权，但只要与他们所创造的价值和贡献相匹配，就是一种合理的股权分配。平均分配股权并不能体现权、责、利的统一，无助于企业的发展和团队成员积极性的发挥。如果创业者碍于面子，不根据团队成员的才能、贡献分配股权，或没有一个合理的股权分配机制，就会挫伤团队成员的积极性，甚至会导致团队的分裂。好的创业团队需要有一套公平和弹性的利益分配机制，来弥补这些不公平的现象。由于贡献大小在事前只能做一个大概的估计，而且意外和不公平的情况往往也在所难免，因此，必须实时做相应的增减调整。

（6）合理分享经营成果。合理分享经营成果的范围更广，除了创业团队成员要有合理的分配机制外，对其他员工也要有合理的分配制度，能使大家共享经营的成果，这样才能让企业实现长存。国外企业一般是拿出一定比例的利润分配给关键岗位的员工，我国的一些成功创业企业，尤其是像华为等一些高新技术企业，就是用员工持股的办法，使工合理享受到企业的经营成果。

（7）恰当的领导。高绩效团队的领导能有效带领团队坚韧不拔、奋勇向前、共渡难关，能为团队指明发展方向。领导者要向团队成员阐明变革的可能性，鼓舞成员建立强大的自信心，帮助他们更充分地认识自己的潜力。高绩效团队的领导者往往担任的是教练和后盾的角色，对团队成员提供指导和支持，而不是试图去控制团队。

任何一个创业者都不可能在开始就能建立起有效的团队，更不可能轻易就建立起高绩效团队。团队的建设就如同个人的成长一样，也要经历不同的发展阶段。很多时候，团队是在企业创立后，随着企业的发展逐步形成的，而且在这一过程中不断地进行调整。

2.5.3　新创企业运营管理

创业艰难百战多，创业者历经千辛万苦把企业创建起来了，企业要进一步发展，就难免会经历各种风吹雨打的考验。而要实现"任凭风吹雨打，胜似闲庭信步"的企业管理境界，就需要企业经营管理者具有高超的商业思维、娴熟的商业规则意识、专业的经营能力、谨慎的运作技巧来有效配置和运作企业内外环境以及人财物资源。下面，从五个大的方面概述新创企业运营管理的要点，供大家在企业经营运作时参考。

一、组织设计

很多人认为，新创企业初始的组织设计是件容易的事情，但实际上，此阶段是创业者个人在扮演组织中的大部分角色。这种现象十分普遍，也是许多新创企业失败的重要原因。很多时候，创业者认为自己能干企业中所有的事情，而不愿把责任和权力交给其他人甚至是管理团队的成员。这样，创业者就很难把新创企业转变为产值连续增长、管理逐步完善、发展良性运转的企业，因此就很难保证企业的长期发展。而实际上，不管新创企业中有一个人还是多个人，一旦工作负荷增大，组织机构就必然要扩大，新加入的成员必须有明确的职责。有关人事及其职责的所有设计决策都必须在组织结构中得以体现。此外，组织文化或者非正式组织随时间不断发展，需要引起创业者的重视，还有些问题也需要通过建立组织中有效的激励机制来加以解决。

组织设计主要包括以下五个方面：

(1)组织结构。

(2)计划、评估和评价制度。

(3)激励制度。

(4)员工选拔制度。

(5)培训与提升制度。

对于新创企业，组织设计的核心内容是组织结构的设计。企业组织结构的类型一般分为直线制、职能制、直线职能制、矩阵制、事业部制，以及近些年出现的网络组织、虚拟组织和无边界组织类型，可根据企业的经营管理实际进行选择。

二、人力资源

企业要发展，人才的选用特别重要。虽然人才市场上人头攒动、人才济济，但企业要招聘到合适的人才也非易事。同时，由于新创企业和企业的高速发展期员工队伍的变化也非常快，企业人才流动十分频繁，保持企业员工队伍的稳定也就显得很重要。

(1)做好员工招聘。企业需要做好人才需求的定位，从企业经营实际需求出发，以够用、好用为原则。要选取恰当的招聘渠道，选用能够吃苦耐劳、愿意与企业同甘共苦的务实型人才，注重工作成效和工作经历的考察。

(2)做好员工培训。员工培训是企业人力资源管理的重要环节，是企业资源投资的一种特殊形式。做好员工培训的关键在于创业者，企业要制订好员工成长培训计划，帮助员工建立企业的共同愿景，培育凝聚力，注重员工人格和价值观的培养，强化团队意识与合作意识，当然，还要注重控制培训风险与培训成本。

(3)做好绩效考核。绩效考核是企业管理运营的催化剂。优良的考核指标和考核办法，可以提高公司的整体绩效水平，不断提高个人的综合能力，还能对员工进行甄选区分，保证优秀的人才脱颖而出，也能让不合适的人员得到淘汰。绩效考核的指标设计一般围绕德、勤、能、绩四个方面展开。但是，在考核操作中，也要注意根据不同的时期，设计合理的考核指标，显示出考核的灵活性，既能发挥考核的激励作用，又能规避在考核中出现的负面影响，还要加强考核沟通评估机制，发挥绩效考核指挥棒效应。

三、技术创新与产品开发

很多新创企业一般都是以创业者自己掌握的技术为基础进行创业活动。但是，很多创业者拥有的技术并不是完整的，甚至技术还不完全成熟，因此，需要考虑技术再创新的问题。特别是当今时代，技术与产品生命周期越来越短，不考虑创新，很快就会被市场淘汰出局。所以，要高度重视技术与产品的创新问题，包括新产品的开发、技术研发与创新、创新激励、产品品牌策略等。

四、市场开发与营销管理

市场开发无止境，顾客服务也无止境。任何一个企业都无法服务完所有顾客，对于新创企业更是如此。所以，企业不应到处与别人竞争，而应该有策略、有节有度、有所选择，对市场进行细分，找准自己的目标市场，明确自己的优势与定位，寻求重点突破。运用好 STP［Segmenting（市场细分）、Targeting（市场目标）、Position（市场定位），简称 STP］营销策略，规避市场风险，突出产品定位。

强化市场营销的 4Ps［Product（产品）、Price（价格）、Place（渠道）、Promotion（宣传），简称 4Ps］组合，找到最为有效的营销策略，把握好短期、中期、长期营销节奏，保证产品营销始终处于优势地位。

注重新客户开发，营造良性发展的客户资源根基。新客户开发策略，有很多种方法，主要包括地毯式访问法、广告吸引法、资料查询法、连锁介绍法、中心开花法、委托助手法、市场咨询法、互联网寻找法。

五、会计报表与财务管理

财务管理是企业管理中一项极为重要的工作。因为所有的商业行为都需要完整地记录在企业的账本上，准确的财务账本、财务报表和健全的财务管理制度能够及时为创业者提供所需要的财务信息，也有利于经营管理者进行正确决策。

（1）建立企业会计账簿。会计账簿是用来记录企业交易的过程并转化成财务账目、保留交易记录的文件。企业一般要自己设置会计人员，前期也可以由企业主自己做，根据企业实际情况还可委托代理会计来做。

（2）做好企业财务报表。财务报表主要是资产负债表、利润表和现金流量表。资产负债表利用会计平衡原则，将合乎会计原则的资产、负债、股东权益交易科目分为"资产"和"负债及股东权益"两大区块，在经过分录、转账、分类账、试算、调整等会计程序后，以特定日期的静态企业情况为基准，浓缩成一张报表；利润表是反映企业在一定会计期间经营成果的报表，由于它反映的是某一期间的情况，所以，又被称为动态报表。有时，利润表也称为损益表、收益表。现金流量表是财务报表的三个基本报告之一，所表达的是在一个固定期间（通常是每月或每季）内，一家企业的现金（包含银行存款）的增减变动情形。

（3）做好新创企业的财务控制。正确、严格的财务控制，是企业经营成败的重要法宝。新创企业必须对各类支出加以严格规划和控制，找出关键控制点，做出相应的对策，合理控制支出，保证企业收益。主要做好以下几点：第一，建立财务控制制度；第二，管理好现金流量的预算与控制；第三，加强财务风险的控制；第四，建立销售与应收账款控制制度；第五，做好成本费用的控制。

2.5.4　规避企业运营风险

创业不容易，管理企业也不容易，因为市场千变万化，风险无时不在，因此，要强调风险意识，注重风险的防范。最后，我们总结了规避企业运营风险的九个小妙招。

第一招：以变制胜。所谓"适者生存"，强调的就是"变"，经营者要适应外部环境的变化，随时做出调整。

第二招：出其不意，攻其不备。核心是一个"奇"字，用出奇的产品、出奇的经营理念、出奇的经营方式和服务方式去战胜竞争对手。

第三招：以快制胜。机不可失，时不再来，比对手快一分就能多一分机会。对什么都慢慢来、四平八稳、左顾右盼的人必然被市场淘汰，胜者属于那些争分夺秒、当机立断者。

第四招：后发制人。从制胜策略看，后发制人比先发制人更好，可以更多地吸收别人的经验，时机抓得更准，制胜把握更大。

第五招：集中优势重点突破。这一策略特别适用于小企业，因为小企业人力、物力、财力比较弱，如果不把有限的力量集中起来很难取胜。

第六招：趋利避害，扬长避短。经营什么产品，选择什么样的市场，都要仔细掂量，发挥自己优势。干应该干的，干可以干的，有所为，有所不为。

第七招：迂回取胜。小企业与人竞争不能搞正面战、阵地战，而应当搞迂回战，干别人不敢干的，干别人不愿干的。

第八招：积少成多，积微制胜。"积少成多"是一种谋略，一个有作为的经营者要用"滴水穿石""聚石成山"的精神去争取每一个胜利，轻微利、追暴利的经营者未必一定成功。

第九招：以廉制胜。"薄利多销"是不少经营者善于采用的一种经营策略。"薄利多销"的前提是能多销，"薄利少销"则是不可取的。

第二编

沙盘演练

第3章 ERP 沙盘模拟企业概况

本章学习目标

1. 了解 ERP 的概念、作用、发展历程。
2. 理解 ERP 软件中的基本概念，如用户、企业角色、权限等。
3. 理解 ERP 软件中系统管理、企业应用平台的作用与功能。

3.1 ERP 简介与发展历程

3.1.1 ERP 简介

一、ERP 简介

ERP（Enterprise Resource Planning），即企业资源计划，它是一种主要面向制造行业进行物质资源、资金资源和信息资源集成一体化管理的企业信息管理系统。ERP 是一个以管理会计为核心，可以提供跨地区、跨部门，甚至跨公司整合实时信息，针对物资资源管理（物流）、人力资源管理（人流）、财务资源管理（财流）、信息资源管理（信息流）集成一体化的企业管理软件。ERP 作为网络经济时代的新一代信息系统，跳出了传统企业边界，从供应链范围去优化企业的资源，优化了现代企业的运行模式，反映了市场对企业合理调配资源的要求。对于改善企业业务流程、提高企业核心竞争力具有显著作用。

ERP 是 20 世纪 90 年代以来逐渐成熟起来的一套现代企业管理思想。其基本思想是采用计算机对企业所有资源进行整合集成管理，包括整个企业的采购、库存、生产、销售、财务等全部企业行为，以使企业的各种资源都按计划合理调配，以达到减少浪费，提高企业运行效率的目的。ERP 代表了当代的先进企业管理模式与技术，并能够解决企业提高整体管理效率和市场竞争力问题，近年来 ERP 系统在国内外得到了广泛推广应用。随着信息技术、网络技术的不断发展，以及国内中小企业的不断成长，企业对于 ERP 的需求日益增加。ERP 作为现代企业管理的重要工具，通过提升企业管理水平、降低运营成本、提高工作效率，从而提升企业的核心竞争力，创造更高的企业价值。

ERP 主要宗旨是将生产企业的人、财、物、产、供、销等充分平衡和调配，使企业在激烈的竞争中能充分而全面地发挥能力，从而能够在激烈的竞争中取得最好的经济效益。ERP 是建立在科学管理思想体系之上的高效、集成的计算机辅助管理系统，能完成企业整个生产经营活动中的所有信息数据的收集、流转、处理、统计和分析等加工过程，帮助企业各部门在每个环节做到准确及时地决策和控制。ERP 是在 MRP II 的基础上通过前馈的物流和反馈的信息流和资金流，将供应商的制造资源和企业内部的制造活动以及客户需求整合在一起，从而使得用户需求能得到完全体现的一种"供应链"管理思想的网链结构模式。ERP 管理是一种新的管理策略，通过加强企业间的合作，强调对市场需求快速反应、战略管理高柔性、低风险成本和高效益目标等优势，从集成化的角度管理供应链问题。

二、ERP 的功能

（1）ERP 的范围与集成功能都有很大扩展。
（2）支持多种生产方式相结合的制造环境。
（3）支持动态的监控能力，使企业的业务绩效得到提高。
（4）支持开放的浏览器/服务器运算环境。

在管理技术上，ERP 在对整个供应链的管理过程中更加强调对资金流和信息流的控制，同时通过企业员工的工作和业务流程，促进资金、物料的流动和价值的增值，并决定各种流的流量和流速。

三、ERP 的核心思想

（1）体现对整个供需链资源进行管理的思想。现代企业已经不仅仅是一个企业与另外一个企业间的竞争，而是企业的供应链之间的竞争，也就是说一个企业不能只依靠自己已有的资源，而是必须把整个经营过程中的有关各方的供应链全部纳入同一个紧密的供应链中。

（2）体现精益生产、敏捷制造和同步工程的思想。ERP 系统支持多种形式的生产方式的管理，管理思想主要表现在两个方面："敏捷制造"的思想与"精益生产"的思想。当市场上有新的机会出现，而企业已有的合作商又不能较好地满足新产品开发与生产的要求，企业将组建一个临时的供应链，形成所谓的"虚拟工厂"，即把协作和供应单位一起看成企业的一个组成部分。

（3）体现了事先计划和事中控制的思想。ERP 系统中计划体系主要包括主生产计划、人力资源计划、采购计划、物料需求计划、销售执行计划和财务预算等，而且这些计划功能与价值控制功能已经完完全全地集成到供应链系统中。在另一方面，相关的会计核算方式与核算科目可以通过 ERP 系统定义事务进行处理，当上述的事务处理发生的时候生成会计核算记录，从而使企业的物流与资金流数据的一致性和同步记录得到保证，从而实现了根据现目前财务资金状况，可以追溯资金的来源与分配，并进一步追溯其他相关的业务活动，从而能让企业做到事中控制和实时做出决策。

四、企业的目标

企业的目标之一就是在资源给定的情况下，追求尽可能大的产出。从外延上来看，这是追求利润，从本质上来看，是资源的合理利用。企业资源的范围很广，不但包括厂房、设备、物料，而且还包括人力资源、资金、信息，甚至还包括企业上下游的供应商和客户。企业的生产经营过程就是对企业资源的管理过程。

企业经营实战实训课程的基础背景设定为一家已经经营了若干年的生产型企业。此课程把参加训练的学员分成 4~6 组，每组 3~5 人，每组各代表一个不同的模拟公司。在这个训练中，每个小组的成员将分别担任公司中的重要职位，如首席执行官（Chief Executive Officer，CEO）、财务总监（Chief Financial Officer，CFO）、营销总监（Chief Marketing Officer，CMO）、生产总监（Chief Producing Officer，CPO）、研发总监（Chief Technology Officer，CTO）和信息总监（Chief Information Officer，CIO）等。每组要亲自经营一家拥有 3 000 K 资产的销售良好、资金充裕的企业，连续从事 5~6 个会计年度的经营活动，过程中要不断地面对同行的竞争对手、产品老化、市场单一化等挑战，而"公司要如何保持成功及不断成长"是每位成员面临的重大挑战。具体经营时，以"筹码"为"价值载体"和"价值标记"，通过沙盘模拟体现企业的现金流量、产品库存、生产设备、人员实力、银行借贷等企业运营指标。学员通过移动"筹码"和其他道具来表现企业经营。

学员要在模拟的过程中，在客户、市场、资源及利润等方面进行一番真正的较量。这种模拟有助于员工形成宏观规划、战略布局的思维模式。通过这一模拟，各层面的员工对公司业务都会达成一致的感性及理性认识，形成共通的思维模式，以及促进沟通的共同语言。

每一轮模拟之后，都会进行综述与分析，同时讲解在下一轮中应用的业务工具，所有的工具都对竞争的结果有直接的影响，在真实商战中，同样如此。模拟训练具有令人兴奋的驱动力，又真实地反映了"决策是如何影响结果的"。

（1）各层管理者都能获得不同的培训效果。

①企业高层管理者。企业高层管理者的收获在于认清企业资源运营状况，建立企业运营的战略视角，了解企业中物流、资金流、信息流如何做到协同，认识到 ERP 系统对于提升公司管理的价值。

②中层经理。中层经理的收获在于了解整个公司的运作流程，提高全局的、长远的策略意识，了解各部门的决策对企业业绩产生的影响。同时，理解如何用 ERP 系统处理各项业务和由此带来的决策的准确性。

③一线主管。一线主管将认识到企业资源的有限性和企业一线和生产研发等部门之间的紧密联系，从而提升其策略性思考的能力以及与下属沟通的技巧。

（2）企业经营实战模拟对抗课程可以帮助模拟公司的所有重要员工。

①了解市场导向基础上的战略管理与财务管理。

②学会战略决策的基本原则和简明方法。

③审视自己的每一次行动，认识到每一次投资与决策的市场效果。

④培养统观全局的能力，学习像公司决策者一样面对全局思考问题。

⑤认识到公司任一部门的行为对公司全局的影响。

⑥了解资金在公司内如何流动，以及资金分配的重要原则。

⑦认识变现计划与投资计划的重要性。

⑧学习重要的财务知识，更好地解读财务报表，快速建立"关注结果的经营思维"。

⑨学习如何控制成本。

⑩学会库存管理与规划。

⑪理解并学会沟通与协作，培养团队精神。

3.1.2 ERP 发展历程

一、ERP 发展过程的五个阶段

第一阶段：MIS 系统阶段（Management Information System），企业的信息管理系统主要是记录大量原始数据、支持查询、汇总等方面的工作，用户的信息化需求刚刚起步，主要应用的软件为财务软件和进销存软件，多半为标准系统，行业化特性较少。

第二阶段：MRP 阶段（Material Require Planning），企业的信息管理系统对产品构成进行管理，借助计算机的运算能力及系统的管理能力，完成物料需求计划，实现减少库存、优化库存的管理目标。客户的信息化需求由部门级上升至企业级别，开始重视生产制造管理等深层次需求，行业化的需求开始显现。

第三阶段：MRP Ⅱ 阶段（Manufacture Resource Planning），在 MRP 管理系统的基础上，系统增加了对企业生产中心、加工工时、生产能力、销售计划等方面的管理，以实现计算机进行生产模拟的功能，同时也将财务的功能囊括进来，在企业中形成以计算机为核心的闭环管理系统，这种管理系统能动态监察到产、供、销的全部生产过程。

第四阶段：ERP 阶段（Enterprise Resource Planning），进入 ERP 阶段后，以计算机为核心的企业级的管理系统更为成熟，系统增加了包括财务预测、生产能力、调整资源调度等方面的功能，配合企业实现准时生产制（JIT 生产方式，英文全称 Just in time，简称 JIT，其实是保持物质流和信息流在生产中的同步，实现以恰当数量的物料，在恰当的时候进入恰当的地方，生产出恰当质量的产品）管理、全面质量管理和生产资源调度管理及辅助决策的功能，成为企业进行生产管理及决策的平台工具。ERP 产业行业化特征明显，开始覆盖供应链环节，能为客户提供完整的行业化服务，定制化需求显现。

第五阶段：电子商务时代的 ERP，进一步提高了企业信息管理系统与客户或供应商信息共享和直接的数据交换的能力，从而强化了企业间的联系，形成了共同发展的生存链，使决策者及业务部门实现跨企业的联合作战。

二、ERP 在国外的发展历程

(一)时段式 MRP 阶段

最早的 MRP 系统是 IBM 公司的 Dr. Orlicky 博士在 20 世纪 60 年代设计并组织实施的。MRP 就是从产品结构入手，建立一个模型来赋予产品结构时间属性，从而实现制造企业三个核心业务——生产、供应、销售的信息集成，一种保证既不致造成库存积压，又不出现短缺的计划方法。

(二)闭环 ERP 阶段

20 世纪 70 年代 MRP 发展为闭环 MRP，在 MRP 的基础上增加了反馈功能，解决了生产计划与控制问题，从而解决了能力与计划的矛盾。从信息技术发展的角度来看，20 世纪 70 年代，软件开发的前期阶段逐渐受到人们的重视，在一系列高级语言应用的基础上，出现了结构化程序分析和设计技术，以数据为中心的抽象数据类型概念得以提出，并发展成为众所周知的数据库技术。

（三）MRP Ⅱ阶段

1977 年 9 月，著名生产管理专家、生产库存控制学会主席奥列弗·怀特提出了制造资源计划的概念，英文缩写为 MRP，为了区别原有的 MRP 而记为 MRP Ⅱ。MRP Ⅱ的基本思想是将企业看成一个有机的整体，以整体最优为最终目的，运用科学方法将企业生产经营的各个环节进行有效的组织、计划和控制，从而使得它能够协调发展，很好地将各自的作用发挥出来。MRP Ⅱ系统实现了物流、资金流与信息流在企业管理方面的集成，从而使财务信息滞后于生产信息的坏现象得到了改变，使得实物账与财务账能够同步生成。其次，MRP Ⅱ系统还可以通过提供模拟功能，辅助管理人员对多个方案进行比较，以寻求最合理的方案。MRP Ⅱ主要模块有经营规划、主生产计划、能力需求计划、采购管理、销售与运作计划、车间作业管理、库存管理、财务管理、物料清单与物料需求计划、产品成本管理等。

（四）ERP 阶段

美国 Gartner Group 公司分析员 L.Wylie 在 1990 年 4 月 12 日发表的《ERP：理想的下一代的 MRP Ⅱ》的分析报告首次提出了 ERP 概念。针对新软件包的问世，该公司提出需要制定针对传统的 MRP Ⅱ软件的评价内容，并从功能和技术方面拟定了评价核对表。技术方面的主要内容是第四代程序语言、采用图形用户界面、关系数据库、客户机/服务器体系结构，支持多数据库及数据库集成。在功能方面主要是从企业经营规模发展的角度来考察系统，如多币种（跨国经营）、内部集成（设计/核心业务系统/数据采集）、外部集成（客户信息、电子采购）、多种类型企业（离散/流程/分销）、生产报告/分析报告图形化等，并称能达到这些要求的软件为 ERP。

（五）ERP Ⅱ阶段

2000 年 10 月 4 日，Gartner Group 公司发布了 *ERP is Dead——Long Live ERP Ⅱ* 的报告，该报告由 B. Bond 等 6 人署名，提出了关于管理的全新的概念 ERP Ⅱ，因为最初的 ERP 已经因"软件易名"而模糊了 ERP 与 ERP Ⅱ之间的界限，已被人们认为只是面向企业内部的信息集成，所以再提出一个 ERP Ⅱ从而实现 ERP 的最初目标。为了区别企业资源计划对企业内部管理的关注，他们在描述时，引入"协同商务"的运作模式，协同商务是指企业与合作伙伴、客户之间，企业内部人员的电子化业务的交换过程。ERP 在中国的发展与应用：

（1）第一阶段：启动期。

这一阶段几乎贯穿了整个 20 世纪 80 年代，其主要特点是立足于 MRP Ⅱ的引进、实施以及部分应用阶段，其应用范围局限在传统的机械制造业内（多为机床制造、汽车制造等行业）。

在 20 世纪 80 年代，中国刚进入市场经济的转型阶段，企业参与市场竞争的意识尚不具备或不强烈，曾经走过一段坎坷而曲折的道路。

首先，存在着管理软件本身的技术问题。当时引进的国外软件大多是运行在大、中型计算机上，多是相对封闭的专用系统，开放性、通用性极差，设备庞大，操作复杂，系统性能的提升困难，而且对国外的软件没有完成本地化的工作，再有就是耗资巨大等，同时又缺少相应配套的技术支持与服务。其次，存在着缺少 MRP Ⅱ应用与实施的经验问题。再次，存在着思想认识上的障碍问题。当时企业的领导大多对这一项目的重视程度不够，只是将其视作一项单纯的计算机技术。尽管如此，仍有些企业获得了一些效益。目标是实现对全公司的订单、库存、生产、销售、人事、财务等进行统一管理，以提高公司的运营效益，但其应用的部分尚达不到软件系统的十分之一功能。故从整体来看，企业所得到的效益与巨大的投资及当初的宏图大略相去甚远。

为此，有些人认为"国外的 MRP II 软件不适合中国的国情和厂情"；一些专家学者在分析和总结这段应用情况后，提出了"三个三分之一"论点，即"国外的 MRP II 软件三分之一可以用，三分之一修改之后可以用，三分之一不能用"。这就是被人们戏称的"三个三分之一论"阶段。

（2）第二阶段：成长期。

这一阶段大致是从 1990 年至 1996 年，其主要特征是 MRP II/ERP 在中国的应用与推广取得了较好的成绩，从实践上否定了以往的观念，被人们称为"三个三分之一休矣"的阶段。

该阶段唱主角的大多还是外国软件。随着改革开放的不断深化，我国的经济体制已从计划经济向市场经济转变，产品市场形势发生了显著的变化。这对传统的管理方式提出了严峻的挑战。该阶段的管理软件虽仍然主要还是定位在 MRP II 软件的推广与应用上，然而涉及的领域已突破了机械行业而扩展到航天航空、电子与家电、制药、化工等行业。典型的企业有成都飞机制造工业公司、广东科龙容声冰箱厂、山西经纬纺织机械厂、上海机床厂、一汽大众汽车集团等。此外，北京第一机床厂、沈阳机床厂、沈阳鼓风机厂等老牌的 MRP II 用户在启动了国家"863"的 CIMS（Computer Integrated Manufacturing System，计算机集成制造系统）重点工程后，都先后获得了可喜的收益。如北京第一机床厂的管理信息系统实现了以生产管理为核心，连接了物资供应、生产、计划、财务等各个职能部门，可以迅速根据市场变化调整计划、平衡能力，效率提高了 30 多倍，为此于 1995 年 11 月获得了美国制造工程师学会（SME）授予的"工业领先奖"；广东科龙容声冰箱厂的 MRP II 项目，经美国 APICS（American Production and Inventory Control Society Inc，美国生产与库存管理协会，创建于 1957 年）的专家认定达到了 A 级应用水平，等等。总之，大多数的 MRP II 用户在应用系统之后都获得了或多或少的收益，这是不容否定的事实。

取得这样的成绩，主要原因在于：一是计算机技术的发展。如客户机/服务器体系结构和计算机网络技术的推出和普及、软件系统在 UNIX 小型机/工作站上以及微机平台上的扩展和软件开发趋势的通用性和开放性，都使 MRP II 的应用向更深、更广的范围发展；二是由于中国企业已进入体制转变和创新阶段，积极地革新企业管理制度和方法，并采用新型的管理手段来增强企业的综合实力；三是一些国外的软件公司已完成了本地化的工作，其产品在开放性和通用性方面也做了许多改善，同时我国的财务制度和市场机制也逐渐向国际化靠拢，再有就是一些国内的公司对国外软件经过二次开发和改装后形成了国内版本的软件并将其推向市场，使中国的企业有了更广的选择范围；四是人们在经过一段学习和探索之后，观念开始转变，在实践中也积累了一定的经验。为此，业界有识之士高声疾呼"三个三分之一休矣"，进而对该阶段 MRP II 在中国的推广和应用给予了肯定。

但不容忽视的是，这一阶段虽然取得了较大的成绩，也存在着诸多不足之处，主要有：第一，企业在选择和应用 MRP II 时缺少整体的规划；第二，应用范围的广度不够，基本上是局限在制造业中；第三，管理的范围和功能只限于企业的内部，尚未将供应链上的所有环节都纳入企业的管理范围之内；第四，部分企业在上马该项目时未对软件的功能

和供应商的售后技术支持做详细和全面的考察，造成了不必要的浪费。

（3）第三阶段：成熟期。

该时期是从 1997 年开始到 21 世纪初的整个时期，其主要特点是 ERP 的引入并成为主角；应用范围也从制造业扩展到第二、第三产业；并且由于不断地实践探索，应用效果也得到了显著提高，因而进入了 ERP 应用的"成熟阶段"。

第三产业的充分发展正是现代经济发展的显著标志。金融业早已成为现代经济的核心，信息产业日益成为现代经济的主导，这些都在客观上要求有一个具有多种解决方案的新型管理软件来与之相适应。因此 ERP 就成为该阶段的主角，并把它的触角伸向各个行业，特别是对第三产业中的金融业、通信业、高科技产业、零售业等情有独钟，从而使 ERP 的应用范围大大扩展。

现在中国有越来越多的企业让自己进行信息化，ERP 已经被大范围使用并配合 PLM（Product Lifecycle Mangement，产品生命周期管理）、智能工厂等，在为工业 5.0 做准备。

3.2　模拟企业基本情况

3.2.1　模拟企业的经营思想

企业经营实战（ERP）实训，又名"ERP 沙盘实战"，是一门理论联系实践的综合性实训课程。培训内容源自战地指挥的沙盘，沙盘就是通过实物模型，了解战争时的战场全貌。而"企业经营实战实训"就是通过沙盘这个载体，再现企业经营中的现金流量、产品库存、生产设备、人员实力、银行借贷等企业运营指标。学生通过在实战中扮演各种角色，连续从事企业经营活动，挑战企业经营过程中的各种问题，从而掌握企业战略的制定、企业经营所要考虑的因素、企业核心竞争力形成的过程等一系列问题。

本课程模拟的是一个生产制造型企业，为了避免学生在课程实验过程中将模拟企业与自己熟悉的行业关联起来，课程实验中，模拟企业进入的是一个虚拟的行业，生产和经营的是一个虚拟产品，即 P 行业中的 P 系列产品，具体包括 P1、P2、P3、P4、P5。某权威机构经过调查研究后，预测了 P 行业的发展前景，该机构认为目前 P 行业处于技术水平较低的阶段，市场上占主导地位的主要是低端的 P1、P2 产品。但随着时间的推移和经济的发展，高端产品将有比较大的优势，市场对低端产品的需求会逐步下降，对中端产品 P3 及高端产品 P4、P5 的需求会上升。

该模拟企业的股东看中了 P 行业的潜在商机，筹措了一定的资金（3 000k），创建了一个全新的生产制造型企业，准备在 P 行业大展身手。在企业的初创阶段，公司董事会及全体股东聘用了一批优秀的管理人员（模拟经营者），他们希望这些管理人员能完成如下工作：

（1）制定公司的发展战略。

（2）根据公司的发展战略，确定合适的融资规模、融资方式。

（3）投资固定资产，购置公司的生产设备，采用现代化生产手段，高效率地进行生产。

（4）投资新产品的开发，开发产品市场，建立公司的市场地位。

（5）研究在信息时代如何借助先进的管理工具、管理手段提高企业管理水平。

（6）建立企业文化，增强企业凝聚力。

（7）加强团队建设，提高组织效率。

总而言之，企业要在一个市场上取得成功，不辜负公司董事会及全体股东的期望，实现良好的经营业绩，为此，管理层必须齐心协力，努力创新，谨慎经营。

3.2.2　模拟企业的经营环境

目前，国家经济发展状况良好，消费者收入稳步提高，P行业是一个新兴行业，已经有不少人看到了这个商机，筹集资金准备进入该行业。

在行业发展状况方面，P1产品的生产技术门槛较低，比较容易进入，虽然近几年P1产品需求较旺，但未来将会逐渐下降。P2产品是P1产品的技术改进版，虽然P2产品的技术优势会带来该产品需求量的一定增长，但随着新技术的出现，其市场需求最终会下降。P3、P4、P5产品为全新技术产品，发展潜力很大，目前仍处于开发阶段，人们对产品的需求少，但随着时间的推移，P3、P4、P5产品的市场需求量会逐步上升。

模拟企业经营之前需要认真研究市场订单方案，如表3-1所示。P1产品采用的是目前市场上的主流技术，该产品也是目前市场上的主要产品。P2产品是P1产品的技术改良版本，在市场上的认同度也非常高。P4和P5产品作为P系列产品中的高端技术，目前各个市场上对它们的认同度不尽相同，需求量与价格也会有较大的差异。

表3-1　模拟企业P系列产品

产品属性	低端产品	中端产品	高端产品
产品	P1、P2	P3	P4、P5

3.2.3　模拟企业的财务状况

由于模拟企业是一个新建企业，目前仅有投资者投入的3 000k现金，没有其他资产，也没有负债。对于企业来说，目前最重要的事情就是制定企业的发展战略，并在该战略的指导下，确定企业的负债规模、融资方式，购置固定资产，研发新产品，并利用企业所拥有的资源进行高效率的生产经营，以实现企业的战略目标。

单项财务分析能力培养，主要是培养学生运用一些具体的财务比率指标，从企业的偿债能力、营运能力、盈利能力和发展能力对企业进行具体的财务分析，获得对企业的进一步认识。运用财务比率对各模拟企业进行对比分析，可以帮助模拟企业找出财务活动存在的问题并找到解决方案，以寻求提高企业经营管理水平和经济效益的途径。

一、偿债能力分析

偿债能力是指企业对到期债务的清偿能力，包括短期内对到期债务的现实偿付能力和长期债务的未来偿付能力。通过分析流动比率、速动比率、现金比率等短期偿债能力指标，评价模拟企业的短期偿债能力，若模拟企业能保持较高的流动比率、速动比率，特别是现金比率，则表明模拟企业短期偿债能力较强，财务风险低。通过分析资产负债率、产

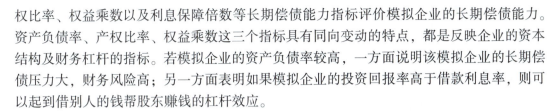

权比率、权益乘数以及利息保障倍数等长期偿债能力指标评价模拟企业的长期偿债能力。资产负债率、产权比率、权益乘数这三个指标具有同向变动的特点，都是反映企业的资本结构及财务杠杆的指标。若模拟企业的资产负债率较高，一方面说明该模拟企业的长期偿债压力大，财务风险高；另一方面表明如果模拟企业的投资回报率高于借款利息率，则可以起到借别人的钱帮股东赚钱的杠杆效应。

二、营运能力分析

营运能力是指企业的经营运行能力，即企业运用各项资产以赚取利润的能力。存货周转率、应收账款周转率、流动资产周转率以及总资产周转率等指标是判断企业资产周转效率和效益的重要指标。较高的应收账款周转率表明模拟企业的应收账款流动性高、销售收入的实现程度高；而较低的存货周转率则意味着存货的流动性差，这样就会增大企业在存货方面的资金占用，同时也加大了企业的经营风险。流动资产周转率是分析流动资产周转情况的一个综合指标，流动资产周转得快，可以节约资金，提高资金的利用效率。总资产周转率是考察企业资产运营效率的一项重要指标，反映了企业全部资产的管理质量和利用效率，该数值越高，表明企业总资产周转速度越快。

三、盈利能力分析

企业的盈利能力是企业资金运动的直接目的与动力源泉，一般指企业从销售收入中能获取利润的能力。销售净利率、总资产报酬率、权益净利率等指标是判断模拟企业盈利能力的重要指标。若模拟企业的销售净利率稳定，那说明该模拟企业的市场占有率稳定，销售收入的实现较为均衡。较高的总资产报酬率表明该模拟企业的资产利用效率高，资产经营盈利能力强。而较高的权益净利率表明该模拟企业利用权益资本创造的盈利能力强，给股东带来的回报高。

四、发展能力分析

企业的发展能力是指企业扩大规模、壮大实力的潜在能力，其是股权投资者在进行长期投资时最为关注的问题。通过关注销售增长率、资产增长率、股东权益增长率、净利润增长率、经营活动现金流量增长率等指标，分析评价模拟企业是否有强势的发展后劲。单项财务分析能力培养学生灵活运用相关指标和公式的能力，使学生领会公式背后的深刻含义，更好地掌握基础理论知识。

综合财务分析能力培养是在基本财务分析能力培养及单项财务分析能力培养的基础上进行的，以提高学生综合、灵活运用所学专业理论知识为目标。

学生可以依据 ERP 沙盘模拟的数据，计算出相关的财务比率指标并对模拟企业进行具体分析。当前经济形势和金融环境的日趋复杂多变对人才培养提出了更高的要求，培养集理论和实践于一身的人才成为高校教学的奋斗目标。基于 ERP 沙盘模拟的财务管理教学，通过高度仿真企业环境和流程、模拟职能岗位，让学生身临其境，真正感受到企业在激烈市场竞争中的生存压力，体验不同职能岗位管理者的职责。沙盘模拟作为一种体验式的教学方式，融理论与实践于一体，集角色扮演与岗位体验于一身，可以使学生在参与模拟企业的经营中完成从知识到技能的转化，从而全面提高管理能力、协调能力、沟通能力、决策能力和动手能力等综合素质。学生从 ERP 沙盘模拟中取得财务分析的数据，从根本上了解企业所面临的外部环境和内部环境，并从这些因素的变化来推断企业的价值变化。ERP 沙盘模拟在财务分析教学中的有效应用，要求教师树立科学的教学观念，采用现代化的教学手段，从根本上培养学生的创新思维，实现教学水平的全面提高，培养更多的能够适应复杂经济环境的财务管理人员，为社会做出贡献。

3.2.4 企业模拟经营决策的在公司发展中的必要性

在激烈的市场竞争中，无论是什么性质的企业，只有制定了正确的发展目标和市场规划，才有可能在市场上站稳脚跟，企业经营决策渗透在企业的方方面面，对一个企业发展的成败有着决定性的作用。决策是管理的核心问题，决策活动是管理活动的主要组成部分，现代企业所面临的经营环境日趋复杂，企业的经营活动日益受到外部环境的作用和影响，企业要在急剧变化的环境中求得生存和发展，经营者必须善于分析企业内外部环境中的各种因素，把握对企业有利的契机，克服企业发展所面临的威胁，制定出正确的经营决策，实现企业外部环境、内部条件和经营目标三者间的动态平衡。

ERP 沙盘实战将企业经营决策的理论和方法与实际模拟操作结合在一起，融合角色扮演、案例分析和专家诊断，使学生在参加中学习，在游戏般的操作中感受到完整的决策体验，进而深刻体会到"决策"在企业经营成败中的关键作用，以及企业进行信息化建设的必要性和急迫性。在激烈的市场竞争和内外环境的压力下，企业假设要达到预期的市场占有率和预期的经济效益，提升企业的应变能力和竞争能力，就必须做出正确的市场决策，因此也可以说企业经营决策是企业存在和发展的前提和根本。

3.2.5 企业模拟经营决策的总体思路

(1)以最少的广告费投入获得最多的市场订单。

(2)企业在经营生产的过程中怎样生产、生产什么、研发什么。

(3)进行新市场的开拓，通过了解对市场必需求和价格的分析，具体搞清楚开拓什么样的市场。

(4)生产线在调整、买卖以及维护的过程中应该注意的问题有哪些。

(5)强化与各个公司之间的联系，积极了解对手的发展动向，并依据其发展状况制定并执行相应的对策。

(6)为加强公司的竞争力，提升公司在市场上的地位和在公众心目中的知名度，对产品进行 ISO 资格体系的认证。

(7)制定工作目标和工作计划，降低生产成本，提升劳动生产率和工作效率，在生产经营的过程中实施"5W2H"法则，即"Why、What、Who、When、Where、How、How much"。

(8)注意公司各部门的协调，强化公司各个部门的沟通和交流，定期了解员工生产和生活动向，促进公司人员的团结与和谐。

ERP 企业经营模拟沙盘学生系统界面如图 3-1 所示。

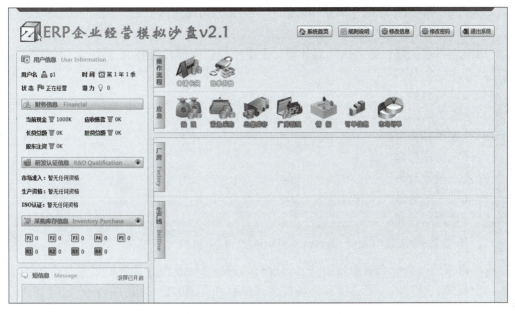

图 3-1　ERP 企业经营模拟沙盘学生系统界面

3.3　模拟角色与人员分工

3.3.1　模拟角色

沙盘模拟经营是由经营者、竞争规则、竞争策略、收入和支付等基本要素组成的。参与者由 20~30 名学生组成，每 3~5 名学生成立一个公司。指导教师可以按照年龄、性别、职务、专业和能力均衡的原则，将学生分成若干个实力相当的学习小组。分组之后，每个小组的学生要以全身心参与的积极心态相互介绍，充分沟通，在有限的时间内做到最大限度的深入了解。

在接下来的实验中，同学们将以小组为单位创建模拟公司，组建管理团队，参与模拟竞争。每一个学习小组就是一家模拟公司，同时也是一个掌控模拟公司经济资源的决策集体。各小组要根据每个成员的不同特点进行基本的分工，选举产生模拟公司的第一届首席执行官、财务总监、销售总监、采购总监和生产总监等职位的人选，确立组织原则和决策模式，注册公司名称。这样，市场上就形成了若干个相互竞争的模拟公司，连续从事 5~6 年的经营活动。每个模拟公司依照竞争规则，做出采购、研发、生产、融资、广告、培训、销售等经营决策，并运用资产负债表和利润表记录经营结果，计算出经营效率。

3.3.2　人员分工

接下来，将模拟公司管理者的具体职能逐一列示。

一、首席执行官（Chief Executive Officer，CEO）

首席执行官是一个公司的舵手，对公司的发展方向和团队的协调起重要作用。在公司经营一帆风顺的时候他能带领团队冷静思考，而在公司遇到挫折的时候能鼓舞大家继续前进。CEO 带领团队主要完成以下工作：

(1)制定发展战略，评估内外部环境，制定中、短期经营策略。

(2)竞争格局分析。

(3)经营指标确定。

(4)业务策略制定。

(5)全面预算管理。

(6)团队协同管理。

(7)企业绩效分析。

(8)业绩考评管理。

(9)管理授权与总结。

二、市场营销总监(Chief Marketing Officer，CMO)

市场营销的一个核心要素就是将公司现有的各种资源及预计达到的目标与市场需求有机地结合起来，是把消费者需求和市场机会变成有利可图的公司机会的一种行之有效的手段，也是战胜竞争者、谋求发展的重要工具。通过激烈的模拟市场竞争，可以让同学们在不遭受任何实际损失的前提下，获得宝贵的市场竞争经验。

同学们可以通过实战模拟，辨认细分市场和选择目标市场，学会竞争分析、资源分配、整合营销策划和实施，以及原材料采购管理。ERP 沙盘实战可以帮助学生学习制订以市场为导向的业务战略计划，认识营销战略对于经营业绩的决定性作用，体验内部营销和外部营销之间的关系，深刻领悟企业综合竞争能力的来源，理解客户终身价值的意义，从注重产品与推销转变为注重客户满意度。随着市场竞争的加剧，哪家公司能最好地选择目标市场，并为目标市场制定相应的市场营销组合战略，哪家公司就是竞争中的赢家。市场营销总监主要完成以下工作：

(1)市场信息决策：统一市场信息系统的决策思路；准确地进行市场分析与定位；确定市场制胜的方法与手段；决定进攻与防守策略；决定产品组合策略。

(2)产品信息决策：确定新产品研发决策；确定产品的定价决策；确定产品的定位决策；分析市场与产品决策的常见误区及陷阱；使用市场与产品决策的常用工具。

(3)营销决策：构建现代营销信息系统；建立内部报告系统；建立营销情报系统；建立营销调研系统；建立营销决策支持系统；进行市场预测和需求衡量；辨认细分市场和选择目标市场；确定开发企业定位战略；确定产品生命周期的营销战略；组织市场调查分析；确定市场进入策略；确定品种发展策略。

(4)促销决策：制订广告宣传策略；制订销售计划；争取订单与谈判；签订合同与过程控制；组织企业按时发货，管理应收款项；组织销售绩效分析；制定投标与竞标策略，并对营销效率进行分析；研究市场信息，抢占市场，建立并维护市场地位，寻找不同市场的赢利机会。

(5)生产决策：编制采购计划；与供应商谈判；签订采购合同；监控采购过程；到货验收；仓储管理；采购支付抉择；与财务部协调；与生产部协同。

三、生产总监(Chief Product Officer，CPO)

ERP 沙盘实训真实地再现了一个制造型企业管理的完整流程，包括物流、信息流及资金流的协同，有助于学生理解企业实际运作中各个部门和管理人员的相互配合。生产总监要进行产品研发、生产、制定合理库存、产销调度、成本控制、合理开支、JIT 生产等的应用和协调，还需要进行现金预算、现金管理及控制、融资、成本管理及控制、财务报表等工作，具体来说，生产总监主要完成以下工作：

(1) 产品研发管理。

(2) 体系认证管理。

(3) 固定资产投资。

(4) 编制生产计划。

(5) 平衡生产能力。

(6) 生产车间管理。

(7) 产品质量保证。

(8) 成品库存管理。

(9) 产品外协管理。

(10) 生产计划的制订。

(11) 资源的合理配置。

(12) 监督生产能力与效率。

(13) 分析生产管理决策的常见误区与陷阱。

(14) 生产管理决策的常用工具。

(15) 日常财务记账和登账。

(16) 向税务部门报税。

(17) 提供财务报表。

(18) 日常现金管理。

(19) 企业融资策略的制定。

(20) 成本费用控制。

(21) 资金调度与风险管理。

(22) 财务制度与风险管理。

(23) 财务分析与协助决策。

(24) 制定投资计划，评估回收周期。

(25) 现金流的管理与控制。

(26) 编制财务报表，结算投资收益，评估决策效益。

(27) 运用财务指标进行财务分析和内部诊断，协助管理决策。

(28) 以有限的资金运作，创造高利润。

四、财务总监(Chief Financial Officer，CFO)

如果说资金是企业的血液，财务部门就是企业的心脏，财务主管对公司具有极其重要的作用。因此，财务主管应该具有较全面的财会、融资、税务专业知识，熟悉相关法规；具有较全面的公司财务核算、成本预算管理能力，具有较强的风险意识；对融资、税务筹划有丰富的筹划实施经验；具有良好的职业道德和高度的责任心，工作细致、严谨；具有良好的沟通协调和团队管理能力。

具体来说，财务总监主要完成以下工作：

（1）主持公司财务战略规划和公司年度投资计划的制订和过程监控。

（2）负责对企业的资金进行预测、筹集、调度与监控，编制和执行财务预算、财务收支计划和信贷计划，负责公司融资计划制订和实施，保证公司经营的资金需求，建立良好的银行业务关系，开辟财源，有效使用资金。

（3）制订与完善公司财务管理制度、流程，建立符合企业实际的财务核算体系和监控体系，防患公司财务风险。

（4）制订公司资金运营计划，监督资金运营。

（5）负责公司各个项目和重大支出的可行性研究，参与企业的投资决策，对重大投资项目进行财务风险评估与控制。

（6）进行成本费用预测、计划、控制、核算、分析和考核。

（7）负责审查和签署企业的财务预算、会计报告，定期向有关部门报告财务状况与经营成果，利用会计核算资料进行经济活动分析，为公司经营管理决策提供依据。

（8）组织财会人员的业务培训，对财会人员的考核、使用提出意见，组织建立和健全企业的财会制度与核算办法，协调企业内部的经济关系。

（9）认真组织公司贯彻落实国家会计准则、政策、法规、制度，严格维护财经纪律。

（10）承办领导交办的其他工作。

五、采购总监（Chief Procurement Officers，CLO）

采购总监是采购部门的总负责人，直接对总经理负责，需要在采购领域具有良好的业绩和职业道德纪录，分析能力强，具有优秀的谈判技巧和供应商管理能力。具体来说，采购总监主要完成以下工作：

（1）了解和掌握市场供求信息。

（2）编制并实施采购供应计划。

（3）分析物资供应渠道和市场变化。

（4）为企业做好后勤保障。

（5）负责原材料需求量的预测。

（6）编制与执行原材料采购计划与采购预算，分析各种物资供应渠道及市场供求变化情况力求从价格上、质量上把好第一关，力求在合适的时间、采购合适的品种及数量的物资，为企业的生产做好后勤保障。

（7）负责各种原材料的及时采购和安全管理，确保公司生产的正常进行。

（8）进行供应商管理，进行原材料库存的数据统计与分析。

六、信息总监（Chief Information Officer，CIO）

信息总监（又常称为信息长或首席信息官）是企业团体里的高阶主管职位之一，是负责对企业内部信息系统和信息资源规划和整合的高级行政管理人员，主要是对竞争对手进行情报分析，为企业决策提供依据。具体来说，信息总监主要完成以下工作：

（1）操作电子沙盘系统。

（2）记录相关信息。

（3）整理工作资料文档。

（4）协调各部门人员工作。

七、财务助理

财务助理在财务部门往往做着最基础的工作，包括审核财务单据、整理档案、管理发票，协助做一些预算分析，起草处理财务相关资料和文件等，这些工作虽然琐碎，却是做好其他财务工作的必要准备。具体来说，财务助理主要完成以下工作：

(1)协助主办会计开展工作，做好会计业务，搞好会计核算和分析。

(2)依据法律、法规进行会计核算，实行会计监督，拒绝办理违反财经制度的业务，拒绝不合理支出。

(3)按时记账、结账、报账，定期核对现金、银行存款、盘点物资，做到账物、账账、账证、账表、账款"五相符"。

(4)认真核对收支单据，凡未按规定审批的单据，一律不得入账。

(5)积极配合和支持理财小组的活动，及时做好理财准备工作，提供真实完整的财务资料。

(6)加强原始凭证审核、编制好记账凭证，及时登记各类账簿。

(7)认真做好统计、汇总、上报工作。

(8)办理其他有关的财会事务，做好文书及日常事务工作。

(9)及时办理、保管会计凭证、账簿、报表等财务档案资料。

(10)办理公司证件年检及有关事宜。

八、商业间谍

商业间谍是指在商业活动或企业管理中从事侦探工作的人，运用高科技或自身智慧及能力、网络或书本中所获得的知识，从敌对方或竞争对手那里刺探机密情报或是进行破坏活动，以有利于其所效力的一方，使己方得利。具体来说，商业间谍主要完成以下工作：

(1)收集市场需求信息。

(2)监控竞争对手的情况。

(3)明确竞争对手的动向。

第4章　ERP 电子沙盘系统

🎯 **本章学习目标**

1. 掌握系统管理的基本操作与技巧。
2. 掌握企业模拟经营软件系统操作的基本操作与技巧。
3. 熟悉并掌握企业模拟经营软件系统中企业研发过程、采购过程、生产过程、市场开发过程、市场营销过程与财务管理。
4. 掌握企业模拟经营软件财务报表填写规则。

4.1　ERP 电子沙盘系统介绍

企业经营沙盘模拟系统 V4.0 是用浙江精创教育科技有限公司的企业模拟经营软件系统，该平台在继承企业经营模拟沙盘特点的基础上，吸收了众多经营类软件的优点，更贴近现实，运行规则及订单可以自由设置，同时支持多个市场同时开拓。

企业经营沙盘模拟系统 V4.0 集知识性、趣味性、对抗性于一体，涉及整体战略规划、产品研发、设备投资改造、生产能力规划、物料需求计划、资金需求计划、市场与销售、财务经济指标分析、团队沟通与建设等多方面的内容。其涉及的主要教具包括多个沙盘，代表相互竞争的模拟企业。每张模拟沙盘上按照制造企业的职能部门划分了职能中心，包括营销与规划中心、生产中心物流中心和财务中心。各职能中心覆盖了企业运营的所有关键环节——战略规划、市场营销、生产组织、采购管理、库存管理和财务管理等，是一个制造企业的缩影。

系统侧重对诸多决策变量进行分析，对经营变量建立数学模型，可以使学习者通过实训在各项决策过程中获取更多的管理知识，是一种体验式教学，融角色扮演、案例分析和专家诊断于一体，让学生站在最高领导层的位置上来分析、处理企业面对的战略制定、组织生产、整体营销和财务结算等一系列问题，亲身体验企业经营过程中的"酸、甜、苦、辣"，其目的是通过这种教学手段使学生领悟企业高层管理者所应掌握的"意会性知识"，即只能通过实践来领会的知识。

该系统全真模拟企业市场竞争及经营过程。受训者如身临其境，真实感受市场氛围，既可以让受训者全面掌握经管知识，又可树立其团队精神、责任意识。对传统课堂教学及案例教学既是有益补充，又是一次革命。该系统有以下几个特点：

（1）采用 B/S 架构，基于 Web 的操作平台，实现本地或异地的训练。

（2）可以对运作过程的主要环节进行控制，学生不能擅自改变操作顺序，也不能随意反悔操作，避免了作弊；自动核对现金流，并依据现金流对企业运行进行控制，避免了随意挪用现金的操作，从而真实地反映现金对企业运行的关键作用。

（3）实现交易活动(包括银行贷款、销售订货、原料采购、交货、应收账款回收、市场调查等)的本地操作，以及操作合法性验证的自动化。

（4）可以与物理沙盘结合使用，也可单独使用(注：高级训练时采用，如比赛)。

（5）有多组训练的选择，普通版可在 6~18 组中任选。

（6）可以有限地改变运行环境参数，调节运行难度。

（7）增加了系统间谍功能。

（8）系统中集成了即时信息(Instant Message)功能。

（9）强大的用户决策跟踪——可无遗漏暴露决策失误，进行赛后复盘分析。

4.2　ERP 电子沙盘操作流程简介

一、年度运营总流程

新商战模拟运营企业经营 6 个年度，每个年度分设 4 个季度运行，如图 4-1 所示。

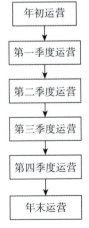

图 4-1　年度总体运营流程

二、年初运营流程

年初企业运营过程包括年度规划会、投放广告、支付广告费、支付所得税、参加订货会、长期贷款。

在每个运营年度开始时召开年度规划会议,在软件中无须操作。年度规划会议一般由团队的 CEO 主持召开,会同团队中的采购、生产、销售等负责人一起进行全年的市场预测分析、广告投放、订单选取、产能扩张、产能安排、材料订购、订单交货、产品研发、市场开拓、筹资管理和现金控制等方面的分析和决策规划,最终完成全年运营的财务预算。年初运营流程如图 4-2 所示。

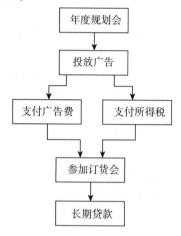

图 4-2 年初运营流程

三、每季度内运营流程

每季度内运营流程如图 4-3 所示。

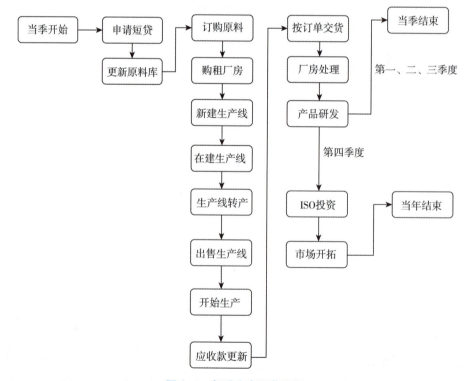

图 4-3 每季度内运营流程

四、年末操作流程

年末运营操作主要包含填写各种报表。如表 4-4 所示。

图 4-4　年末操作流程

五、流程外运营操作

企业随时可进行贴现、紧急采购、出售库存、厂房贴现、订单信息、情报等运营操作。

4.3　ERP 电子沙盘教师端操作说明

4.3.1　教师端登录

使用"企业经营沙盘模拟系统"电子沙盘时，教师主要进行具体任务的运行管理，每个教师同一时间只能有一个任务正在运行。

教师端的主要功能模块有"基本规则方案""重要参数方案""市场订单方案""学生账号管理"和"竞赛任务管理"。登录教师端后，系统界面如图 4-5 所示。

图 4-5　企业经营沙盘模拟系统教师端

4.3.2　系统管理

一、基本规则方案

单击"基本规则方案"按钮，可以看到"方案名称"和"发布时间"，如图 4-6 所示。注意：如果没有“基本规则方案”则无法创建竞赛任务。

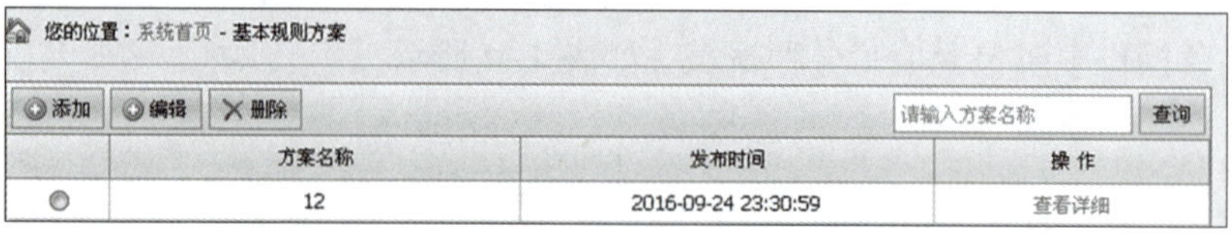

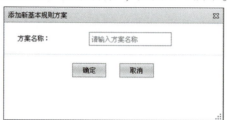

图 4-6　基本规则方案

单击“添加”按钮，设置相应的“方案名称”，如图 4-7 所示。“方案名称”不允许重复。

图 4-7　添加新规则方案

单击“确定”按钮之后，系统将根据默认规则生成方案并显示在列表中，例：方案名称为“企业经营”的方案，如图 4-8 所示。

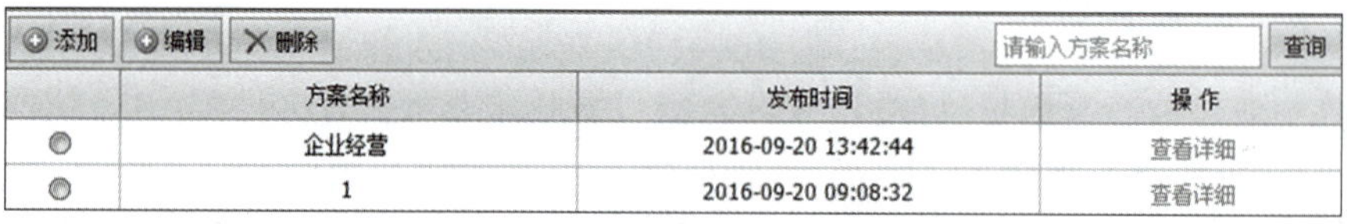

图 4-8　规则方案名称

教师可以根据需要，单击“查看详细”按钮查看方案的详细内容，如图 4-9 所示。

查看基本规则方案

厂房参数

名 称	建设费(K)	租用费(K/年)	售价(K)	生产线容量(条)	潜力系数
大厂房	440	44	440	4	10
中厂房	300	30	300	3	8
小厂房	180	18	180	2	5

生产线参数

名 称	建设费(K)	安装调试时间(季)	生产周期(季)	转产费用(K)	转产季度
手工线	35	0	2	0	0
半自动线	50	1	2	20	1
自动线	150	3	1	20	1
柔性线	200	4	1	0	0

产品参数

名 称	开拓费(K/年)	开拓季度	加工费(K/个)	直接成本(K/个)	潜力系数
P1	10	2	5	25	5
P2	10	3	5	35	8
P3	10	4	5	45	10

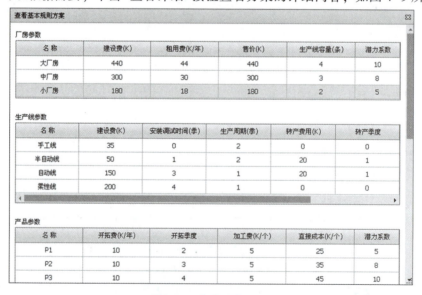

图 4-9　查看规则方案

单击“编辑”按钮，教师可对规则方案进行修改，包括厂房、生产线、产品、资格认证、市场以及原材料规则，其中潜力系数将影响系统得分的计算，如图 4-10 所示。

选择相应的记录，单击"删除"按钮，可删除不必要的规则方案。

图 4-10　编辑规则方案

二、重要参数方案

单击"重要参数方案"按钮，可以看到"方案名称"和"发布时间"，如图 4-11 所示。注意：如果没有"重要参数方案"则无法创建竞赛任务。

图 4-11　重要参数方案

单击"添加"按钮，设置相应的"方案名称"，可对默认的参数进行修改，点击"确定"按钮生成新方案。如图 4-12 所示。"方案名称"不可重复。

图 4-12　添加新重要参数方案

单击"确定"按钮之后，"重要参数方案"中将显示教师所创建的方案，方案名称为"企业经营"方案，如图4-13所示。

⊕添加	⊕编辑	✕删除	请输入方案名称	查询
	方案名称	发布时间		操作
◉	企业经营	2016-09-20 09:57:47		查看详细

图4-13　重要参数方案

教师可以根据需要，单击"查看详细"按钮查看方案的详细内容。选中某一记录后单击"删除"按钮，可删除不必要的重要参数方案。

三、市场订单方案

单击"市场订单方案"按钮，可以看到"方案名称""发布时间""订货会订单"和"竞拍会订单"，如图4-14所示。目前系统已添加了一些默认订单，可供选择。

⊕添加	⊕编辑	✕删除		请输入方案名称	查询
	方案名称	发布时间	订货会订单	竞拍会订单	
◉	test	2016-10-08 11:01:46	添加订单 批量添加 查看订单	添加订单 批量添加 查看订单	
◉	8组订单模板	2016-10-08 10:55:16	添加订单 批量添加 查看订单	添加订单 批量添加 查看订单	
◉	16组订单模板	2016-10-08 10:44:58	添加订单 批量添加 查看订单	添加订单 批量添加 查看订单	
◉	20组订单模板	2016-10-08 10:31:50	添加订单 批量添加 查看订单	添加订单 批量添加 查看订单	
◉	练习订单模板	2016-10-08 10:20:12	添加订单 批量添加 查看订单	添加订单 批量添加 查看订单	

图4-14　订单方案管理

单击"添加"按钮，设置相应的"方案名称"，如图4-15所示。"方案名称"不可重复。

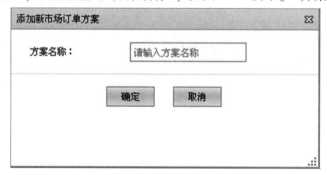

图4-15　添加新订单方案

订货会订单管理：

(一)添加单张订单

新建的市场订单方案默认为空，可单击"订货会订单"下的"添加订单"按钮，设置相应的"市场类型""产品类型""产品数量""总价""ISO要求""交货期""账期"及"运营年"，生成一张新订单，如图4-16所示。"产品数量"和"总价"必须输入正整数。

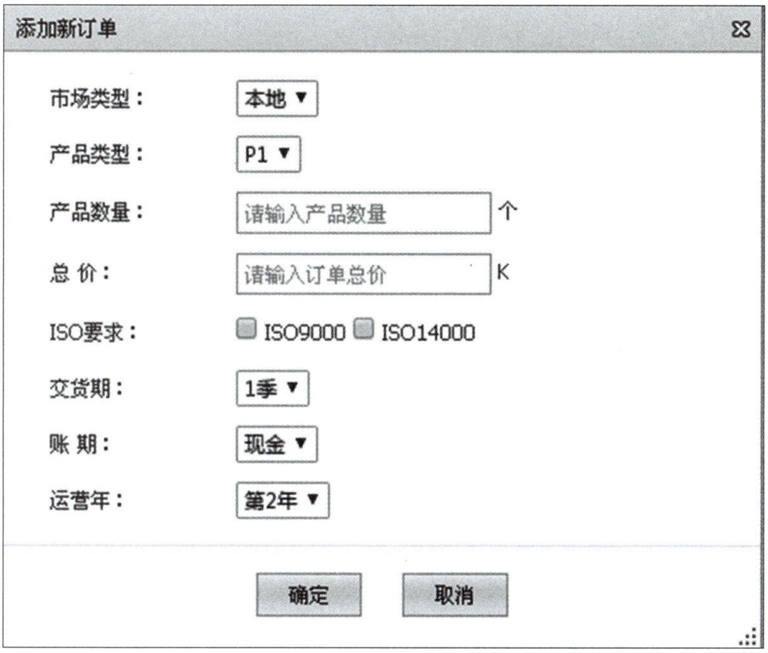

图 4-16　添加订货会新订单

(二)批量添加订单

也可单击"订货会订单"下的"批量添加"按钮,设置相应的"市场类型""产品类型"
"订单数量""产品数量""产品单价"及"运营年",同时添加在某一个细分市场内的多张订
单。如图 4-17 所示。订单数量、最小产品数量、最大产品数量、最小产品单价、最大产
品单价必须输入正整数,最小产品数量不能大于最大产品数量,最小产品单价不能大于最
大产品单价。

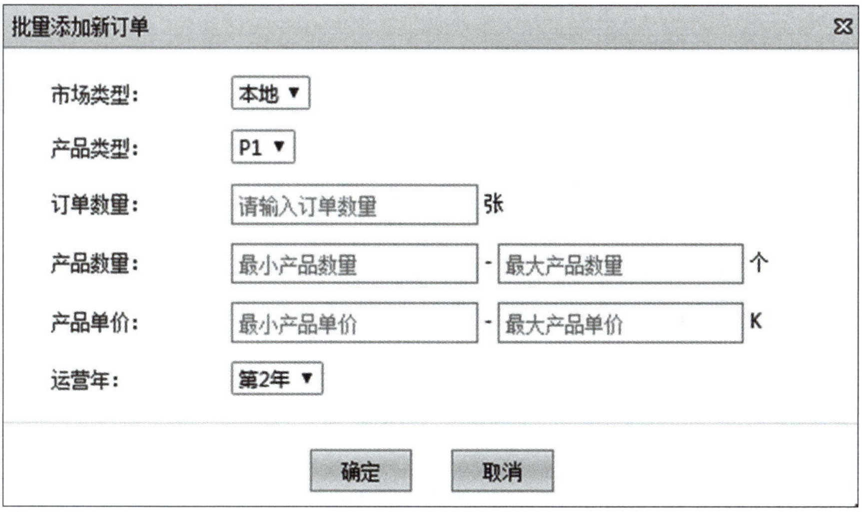

图 4-17　批量添加订货会新订单

(三)查看订单

单击订货会订单下的"查看订单"按钮,可看到该市场订单方案下的所有订单,如图4-18所示。

编号	运营年	市场	产品	数量	总价	ISO要求	交货期	账期	操作
D2001	2	本地	P1	3	150K	-	4季	4季	编辑 删除
D2002	2	本地	P1	3	160K	-	4季	4季	编辑 删除
D2003	2	本地	P1	3	150K	-	4季	3季	编辑 删除
D2004	2	本地	P1	4	200K	-	4季	3季	编辑 删除
D2005	2	本地	P1	6	290K	-	4季	3季	编辑 删除
D2006	2	本地	P1	2	100K	-	4季	3季	编辑 删除
D2007	2	本地	P1	2	110K	-	4季	2季	编辑 删除
D2008	2	本地	P1	2	100K	-	4季	2季	编辑 删除
D2009	2	本地	P1	3	150K	-	4季	2季	编辑 删除
D2010	2	本地	P1	4	190K	-	4季	1季	编辑 删除
D2011	2	本地	P1	1	50K	-	4季	现金	编辑 删除
D2012	2	本地	P1	2	100K	-	1季	2季	编辑 删除
D2013	2	本地	P2	2	130K	-	4季	3季	编辑 删除
D2014	2	本地	P2	3	180K	-	4季	3季	编辑 删除
D2015	2	本地	P2	1	60K	-	4季	2季	编辑 删除
D2016	2	本地	P2	1	60K	-	4季	2季	编辑 删除
D2017	2	本地	P2	2	150K	-	4季	2季	编辑 删除
D2018	2	本地	P2	2	130K	-	4季	2季	编辑 删除
D2019	2	本地	P2	3	200K	-	4季	2季	编辑 删除

图4-18 查看订货会订单

(四)编辑订单

单击"编辑"按钮,可编辑修改订单相应的参数,如图4-19所示。产品数量、总价必须输入正整数。

图4-19 编辑订货会订单

(五)删除订单

单击"删除"按钮,系统会提示是否确定删除选中的订单,如图4-20所示。

图 4-20　删除订货会订单

(六)竞拍会订单管理

(1)添加单张订单。单击"竞拍会订单"下的"添加订单"按钮,设置相应的"市场类型""产品类型""产品数量""ISO 要求"及"运营年",可添加一张竞拍会订单。如图 4-21 所示。产品数量必须输入正整数。

图 4-21　添加竞拍会新订单

(2)批量添加订单。单击竞拍会订单下的"批量添加"按钮,设置相应的"市场类型""产品类型""订单数量""产品数量"及"运营年",同时添加在某一个细分市场内的多张竞拍会订单。如图 4-22 所示。订单数量、最小产品数量、最大产品数量必须输入整数。最小产品数量不能大于最大产品数量。

图 4-22　批量添加竞拍会新订单

(3)查看订单。单击竞拍会订单下的"查看订单"按钮,如图 4-23 所示。

编号	运营年	市场	产品	数量	ISO要求	操 作
J3002	3	本地	P1	2	-	编辑 删除
J3003	3	本地	P1	4	9	编辑 删除
J3016	3	本地	P2	3	-	编辑 删除
J3022	3	本地	P3	3	9	编辑 删除
J3023	3	本地	P3	2	-	编辑 删除
J3029	3	本地	P3	1	-	编辑 删除
J3032	3	本地	P4	4	9 14	编辑 删除
J3033	3	本地	P4	3	-	编辑 删除
J3043	3	本地	P5	4	-	编辑 删除
J3049	3	本地	P5	5	9 14	编辑 删除
J3053	3	区域	P1	1	-	编辑 删除
J3055	3	区域	P1	3	9	编辑 删除
J3064	3	区域	P2	2	-	编辑 删除
J3070	3	区域	P2	1	-	编辑 删除
J3072	3	区域	P3	4	9	编辑 删除
J3078	3	区域	P3	1	-	编辑 删除
J3085	3	区域	P4	2	-	编辑 删除
J3088	3	区域	P4	4	9	编辑 删除
J3092	3	区域	P5	3	9	编辑 删除

图 4-23　查看竞拍会订单

（4）编辑订单。单击"编辑"按钮，可编辑修改订单相应的参数，如图 4-24 所示。

图 4-24　编辑竞拍会订单

（5）删除订单。单击"删除"按钮，系统会提示是否确定删除选中的订单，如图 4-25 所示。

图 4-25　删除竞拍会订单

四、学生账号管理

单击"学生账号管理"按钮，主要功能有"添加""批量添加""编辑""删除"学生账号，如

图 4-26 所示。注意学生账号的数量必须大于等于竞赛任务的组数，否则不能创建竞赛任务。

	账 号	密 码
⊙ 添加　⊙ 批量添加　⊙ 编辑　✕ 删除		请输入学生账号　　查询
◎	z1	111

图 4-26　学生账号管理界面

(一) 添加

单击"添加"按钮，可新增一个学生账号，如图 4-27 所示。

图 4-27　新增学生账号界面

新学生账号添加规则：

• 学生账号：可由英文字母和数字组成；账号不允许重复，以教师账号为前缀进行编码。

• 学生密码：可由英文字母和数字组成。

单击"批量添加"按钮，可一次性添加多个账号。如图 4-28 所示。

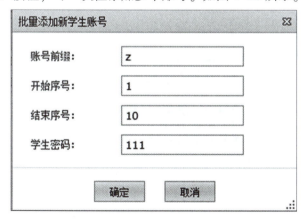

图 4-28　批量添加新学生账号界面

新学生账号批量添加规则：

• 账号前缀：可由英文字母和数字组成。

• 开始序号、结束序号：只能为数字，且开始序号必须小于结束序号。

• 学生密码：可由英文字母和数字组成，批量添加的账号密码相同。

(二)编辑

在学生信息展示区选择要编辑的学生账号，不可以同时选择多个学生账号，如图4-29所示。

图 4-29　学生账号编辑选择界面

单击"编辑"按钮后可以修改账号和密码，如图4-30所示。

图 4-30　编辑信息

(三)删除

如需要删除学生账号，在学生信息展示区中选择相应的账号，单击"删除"按钮，系统将会提示相应的信息，需要教师再次确认，以免发生误删。如图4-31所示。

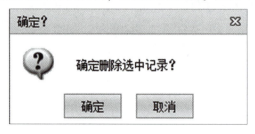

图 4-31　学生账号删除提示界面

如果确认需要删除该学生账号，单击"确定"按钮后，该学生账号就会被删除，如果单击"取消"按钮将会取消此次删除操作。

(四)查询

当学生账号多到一定程度时会为教师账号管理带来一定的麻烦，这时教师就要根据需要快速定位学生账号，以最快的速度展示学生的账号信息，以便对其进行编辑与删除，在输入框中输入所要查询的学生的账号，例如，查询账号包含"z"的学生信息，输入"z"，单击"查询"按钮，如图4-32所示，将显示所有包含"z"的账号。

账　号	密　码
z1	111
z2	111
z3	111
z4	111
z5	111
z6	111
z7	111
z8	111
z9	111

图 4-32　学生信息查询界面

五、竞赛任务管理

单击"竞赛任务管理"按钮，如图 4-33 所示，主要功能有"添加""删除""完成"项目。竞赛任务管理主要在课程开始前，进行基本规则、重要参数、市场订单和初始状态等的配置，并在比赛过程中，对课程和各组进行监控和管理。

任务名称	初始资金(K)	组 数	发布时间	任务状态	操作
1	1000	1	2016-09-20 09:09:18	正在运行	查看详细

图 4-33　竞赛任务管理

单击"添加"按钮，如图 4-34 所示。

添加新竞赛任务

任务名称：　　请输入任务名称

初始资金：　　请输入方案名称　　K

组　数：　　请输入方案名称　　组

重要参数方案：　1

基本规则方案：　12

市场订单方案：　默认模板

订货会开始模式：　自动

竞拍会开始模式：　自动

确定　　取消

图 4-34　添加新竞赛任务

教师主要设置有：任务名称、初始资金、组数、重要参数方案、基本规则方案、市场订单方案、订货会开始模式、竞拍会开始模式。教师需要选择之前设置的重要参数方案、基本规则方案和市场订单方案。系统根据教师所设置的"参赛组数"自动分配"学生账号管理"中的学生账号到该任务，教师端确认这些信息后，单击"确定"按钮添加竞赛任务即可开始课程，当前名称为"企业经营"的项目的状态为"正在运行"，如图 4-35 所示。一个教师账号同一时间只能够有一个竞赛任务正在运行，已经结束的比赛可选中任务后单击"完成"按钮，代表结束该竞赛任务。对于不想要的比赛任务，可以选中后点击"删除"，删掉该条记录。

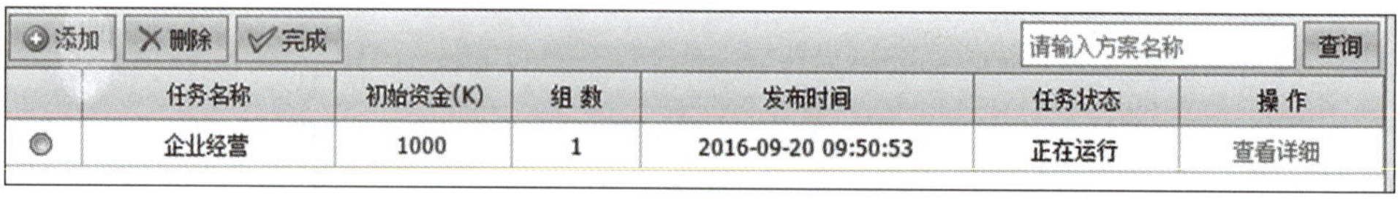

添加	删除	完成			请输入方案名称	查询
	任务名称	初始资金(K)	组 数	发布时间	任务状态	操 作
◎	企业经营	1000	1	2016-09-20 09:50:53	正在运行	查看详细

图 4-35　项目状态

教师可以单击项目的"查看详细"按钮进行信息查看以及相应项目管理，如图 4-36 所示。

图 4-36　项目详细信息

具体对竞赛任务的管理操作将在 4.4.3 进行介绍。

六、短信息

教师可以使用短信息功能和各组学生进行交流，教师端可以选择给所有学生或单个学生发送消息。如果在运营的过程中有学生进行破产、融资的申请，系统还会自动在"短信息"中提醒教师。如图 4-37 所示。单击右上角的"滚屏已开启"按钮可以关闭滚屏功能，再次单击后可以再开启该功能。

图 4-37　短信息

单击"高级编辑器"按钮打开编辑器，如图 4-38 所示。在高级编辑器中可以对文本样式进行编辑。单击相关链接按钮，可以上传图片和文档。

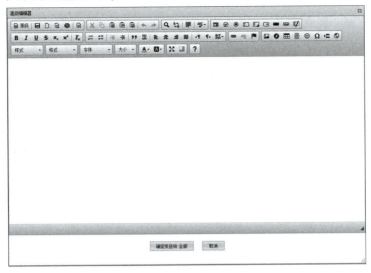

图 4-38　高级编辑器

4.4.3　竞赛任务管理

教师创建竞赛任务完成后，可以对当前教师账号的所有竞赛任务进行管理，单击"竞赛任务管理"按钮，如图 4-39 所示。

	任务名称	初始资金(K)	组 数	发布时间	任务状态	操 作
◉	企业	1000	1	2016-09-20 10:10:06	正在运行	查看详细
○	企业经营	1000	1	2016-09-20 09:50:53	已完成	查看详细

图 4-39　项目管理

教师可以单击"查看详细"按钮，对"正在进行"的任务进行相应的学生账号管理、市场的"交互干预"以及信息查询等操作；对"已完成"的任务，单击"查看详细"按钮进行历史数据的查询，在任务详细页面中显示的信息主要包括任务信息、综合数据、用户列表，如图 4-40 所示。

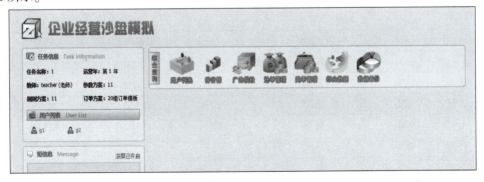

图 4-40　竞赛任务详细

一、任务信息

如图 4-41 所示，任务信息包括教师信息、运营年，以及教师创建任务时所设置的任务名称、参数方案、规则方案和订单方案。

任务信息 Task Information

任务名称： 企业经营	**运营年：** 第 1 年
教师： z(z)	**参数方案：** 1
规则方案： 1	**订单方案：** 默认模板

图 4-41　任务信息

二、综合查询

综合查询主要包括用户列表、排行榜、广告投放、选单管理、竞单管理、综合数据、数据备份。

（一）用户列表

在“用户列表”中可查看当前正在运营的所有公司信息，包括用户名、密码、现金、运营时间以及状态，如图 4-42 所示。

用户列表

用户名	用户密码	现金	运营时间	状态
u01	123	734K	第2年1季	正在经营
u02	123	3K	第2年1季	正在经营
u03	123	440K	第1年4季	正在经营
u04	123	1200K	第1年1季	正在经营
u05	123	1100K	第1年1季	正在经营

图 4-42　用户列表信息

（二）排行榜

在“排行榜”中可查看所有小组的运营年、综合发展潜力、所有者权益以及得分情况，按分数高低进行排序，如图 4-43 所示。

排行榜

排名	用户名	运营年	综合发展潜力	所有者权益	总得分
1	u01	第2年	42	889	1262.3799999..
2	u05	第1年	5	1200	1260
3	u03	第2年	23	950	1168.5
4	u02	第2年	32	783	1033.56
5	u04	第1年	0	0	0

图 4-43　排行榜信息

(三) 广告投放

在"广告投放"中可以查看所有小组的广告投放情况，如图 4-44 所示。

广告投放						⊠

第 1 年广告投放

a1 的广告投放

产品/市场	本地	区域	国内	亚洲	国际
P1	-	-	-	-	-
P2	-	-	-	-	-
P3	-	-	-	-	-
P4	-	-	-	-	-
P5	-	-	-	-	-

a2 的广告投放

产品/市场	本地	区域	国内	亚洲	国际
P1	-	-	-	-	-
P2	-	-	-	-	-
P3	-	-	-	-	-
P4	-	-	-	-	-
P5	-	-	-	-	-

图 4-44　广告投放

(四) 选单管理

在"选单管理"中，教师可选择订货会模式，分为"自动"和"手动"两种。自动模式下，在所有组投放广告结束后，订货会自动开始。手动模式下，需要教师手动点击开始订货会。选单管理如图 4-45 所示。

选单管理									⊠

第 5 年订货会管理

订货会模式:	自动 修改模式		订货会状态:		已结束

编号	运营年	市场	产品	数量	总价	ISO要求	交货期	账期	状态

图 4-45　选单管理

(五)竞单管理

在"竞单管理"中，教师可选择竞拍会模式，分为"自动"和"手动"两种。自动模式下，在第三、第六年所有组参加完订货会后，竞拍会自动开始；手动模式下，需要教师手动点击开始竞拍会。竞单管理如图 4-46 所示。

图 4-46　竞单管理

(六)综合数据

在"综合数据中"，选择年份，单击"查询"按钮，可以查看各组的综合数据。单击"导出 EXCEL"按钮可以导出综合数据文档，如图 4-47 所示。

图 4-47　综合数据

(七)数据备份

在"数据备份"中教师可以对正在进行的任务进行备份。单击"备份"按钮，输入名称后点确定添加备份记录。选中不需要的备份，单击"删除"按钮可以删除该条备份记录。教师端数据备份如图 4-48 所示。

图 4-48　教师端数据备份

三、用户列表

在页面的左下角，在"用户列表"中显示当前正在运营的所有公司名称。用户列表如图 4-49 所示。

图 4-49　用户列表

在"用户列表"中单击某一组，右侧将显示该组的当前详细运营信息，主要包括公司综合信息、现金明细、综合费用表、利润表、资产负债表、库存信息、银行贷款、研发认证、厂房与生产线、订单信息，并可单击"导出 EXCEL"按钮对数据进行导出。用户详细运营信息如图 4-50 所示。

b1 的综合信息			
用户名：	b1	密码：	123　修改密码
现金：	1000 K	公司状态：	正在经营　修改状态
公司名称：	b1	运营时间：	第 1 年 1 季 - 当年开始　数据还原
应收账款：	0 K	股东注资：	0 K　给他注资
组织结构：	CEO: 财务总监: 生产总监: 营销总监: 采购总监:		
现金明细　综合费用表　利润表　资产负债表　库存信息			
银行贷款　研发认证　厂房与生产线　订单信息　导出EXCEL			

图 4-50　用户详细运营信息

(一)公司综合信息

在公司综合信息中详细地展示了公司账号信息、公司现金状况、运营状态、组织结构，如图 4-51 所示。

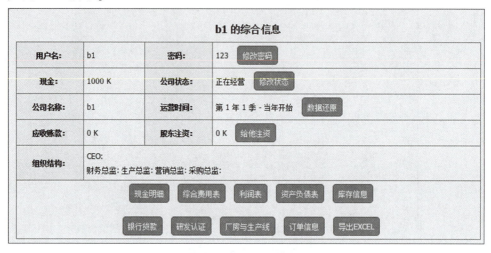

图 4-51 公司综合信息

(二)数据还原

单击"运营时间"栏的"数据还原"按钮，如图 4-52 所示。选中要还原的备份记录，单击"还原"按钮，可以还原该组用户的运营时间。

图 4-52 教师端数据还原

(三)现金明细

在"现金明细"中会列出公司运营过程中所有的现金变动的操作情况，按时间顺序进行排列，如图 4-53 所示。

备 注	收入/支出(K)	公司资产(K)	运营时间	系统时间
投放广告	-200	10411	第 4 年 1 季	2016-09-22 21:39:36
行政管理费	-10	10611	第 3 年 4 季	2016-09-22 21:38:49
市场开拓	-20	10621	第 3 年 4 季	2016-09-22 21:38:45

图 4-53　现金明细

(1)综合费用表。在"综合费用表"中会列出公司从开始运营年至当前运营年每年的综合费用情况，数据实时更新，如图 4-54 所示。

第 1 年

综合费用表	
项目	金 额
管理费	40 K
广告费	0 K
设备维护费	0 K
损失	0 K
转产费	0 K
厂房租金	0 K
新市场开拓	0 K
ISO 资格认证	0 K
产品研发	182 K
信息费	0 K
合 计	222 K

第 2 年

综合费用表

图 4-54　综合费用表

(2)利润表。在"利润表"中会列出公司从开始运营年至当前运营年每年的利润情况，数据实时更新，如图 4-55 所示。

图 4-55　利润表

（3）资产负债表。在"资产负债表"中会列出公司从开始运营年至当前运营年每年的资产与负债情况，数据实时更新，如图 4-56 所示。

图 4-56　资产负债表

（四）库存信息

在"库存信息"中会列出公司当前原材料以及产成品的库存情况，数据实时更新，如图4-57 所示。

库存信息	⊠
原材料	现有库存
R1	1
R2	1
R3	0
R4	0
产成品	现有库存

图 4-57　库存信息

（五）银行贷款

在"银行贷款"中会列出公司当前所有长期贷款以及短期贷款的情况，数据实时更新，如图 4-58 所示。

银行贷款				⊠
贷款类型	贷款金额	贷款年限	贷款时间	还款时间
短期贷款	200K	1年	第4年2季	第5年2季
长期贷款	1000K	4年	第5年1季	第9年1季

图 4-58　银行贷款信息

（六）厂房与生产线

在"厂房与生产线"中会列出公司当前所有厂房以及生产线的安装及购置情况，数据实时更新，如图 4-59 所示。

厂房与生产线							⊠
编号	名称	状态	容量	购价	租金	售价	置办时间
1	大厂房	购买	1/4	440K	44K/年	440K	第5年1季
2	中厂房	租用	2/3	300K	30K/年	300K	第5年1季

编号	名称	所属厂房	产品	累计折旧	状态	剩余时间	新建时间	建成时间
1	手工线	[1]大厂房	P1	0K	空闲	-	第5年1季	第5年1季
2	自动线	[1]大厂房	P1	0K	安装中	2季	第5年1季	-
3	自动线	[1]大厂房	P1	0K	安装中	2季	第5年1季	-
4	自动线	[2]中厂房	P1	0K	安装中	2季	第5年1季	-

图 4-59　厂房与生产线信息

（七）订单信息

在"订单信息"中会列出公司从开始运营年至当前运营年每年的订单信息以及交单情况，数据实时更新。

（八）其他操作

（1）修改密码。教师端可对任一小组进行修改密码、更改运营状态以及注资的操作。教师可直接对学生账号密码进行修改，输入新密码然后确定，如图 4-60 所示。

图 4-60　修改学生账号密码

（2）修改状态。企业状态分为"正在运营"和"破产"两种，教师可根据实际情况进行修改，如图 4-61 所示。

图 4-61　修改学生运营状态

（3）注资。教师在经营过程中可对小组进行注资，注资金额必须为正整数，且不大于 99999，如图 4-62 所示。

图 4-62　注资

4.4　ERP 电子沙盘学生端操作说明

4.4.1　学生端左侧信息栏说明

学生端左侧信息栏中包括用户信息、财务信息、研发认证信息、采购库存信息，如图 4-63。

（1）用户信息：主要包括学生用户名、运营时间、运营状态和公司潜力值。

（2）财务信息：主要包括公司的当前现金、应收账款、长贷总额、短贷总额、股东注资。经费会根据运营的变化而变化。

（3）研发认证信息：主要包括公司当前的市场准入资格、生产资格、ISO 认证资格，以及它们开发和认证的详细进度。研发认证会根据运营的变化而变化。

（4）采购库存信息：主要包括各类产品已生产的数量和在途、已到库的原材料数量，采购库存信息会根据运营的变化而变化。

图 4-63　学生信息展示界面

4.4.2　企业经营的操作流程界面说明

一、企业经营的操作流程

企业经营的操作流程须按其规定的顺序完成，将在"4.5.3 学生端操作流程"中做详细介绍。操作流程界面如图 4-64 所示。

图 4-64　操作流程界面

二、应急

应急为学生应对公司突发情况的操作区，应急操作在经营的任意时间皆可进行，将在"4.5.2 学生端操作流程"中做详细介绍。应急界面如图 4-65 所示。

图 4-65　应急界面

三、其他功能

企业经营模拟系统还提供了规则说明、修改信息、修改密码的功能，将在"4.5.3 学生端操作流程"中做详细介绍。其他功能如图 4-66 所示。

图 4-66　其他功能

4.4.3　学生端操作流程

一、信息确认

学生登录系统后首先要对自己的公司进行相应的信息注册并确认市场及规则信息。公司信息如图 4-67 所示。

图 4-67　公司信息

(一)公司信息注册

学生在登录系统后，需要做的第一件事就是注册自己的公司信息，主要包括公司名称、各管理岗位的人员定岗、账号密码的修改，如图 4-68 所示。

图 4-68　修改密码

(二)市场订单

在为公司营销战略进行决策时，决策者需要清楚地了解相应的市场产品需求信息，系统中提供了未来运营年的订货会订单和竞拍会订单信息，各公司可通过“市场订单”进行相应的查询，如图 4-69 所示。

编号	运营年	市场	产品	数量	总价	ISO要求	交货期	账期
D2001	2	本地	P1	4	248K	-	2季	2季
D2002	2	本地	P1	1	65K	-	2季	2季
D2003	2	本地	P1	4	248K	-	3季	2季
D2004	2	本地	P1	3	195K	-	3季	2季
D2005	2	本地	P1	2	126K	-	2季	3季
D2006	2	本地	P1	3	189K	-	4季	2季
D2007	2	本地	P1	3	195K	-	3季	2季
D2008	2	本地	P1	3	186K	-	4季	现金
D2009	2	本地	P1	4	252K	-	3季	3季
D2010	2	本地	P1	2	128K	-	3季	1季
D2011	2	本地	P1	3	183K	-	2季	2季
D2012	2	本地	P1	2	120K	-	2季	3季
D2013	2	本地	P1	3	180K	-	4季	4季
D2014	2	本地	P1	4	252K	-	3季	1季
D2015	2	区域	P1	4	252K	-	3季	2季
D2016	2	区域	P1	4	248K	-	2季	1季
D2017	2	区域	P1	2	130K	-	3季	2季
D2018	2	区域	P1	2	124K	-	3季	2季
D2019	2	区域	P1	2	124K	-	3季	2季
D2020	2	区域	P1	3	186K	-	4季	2季

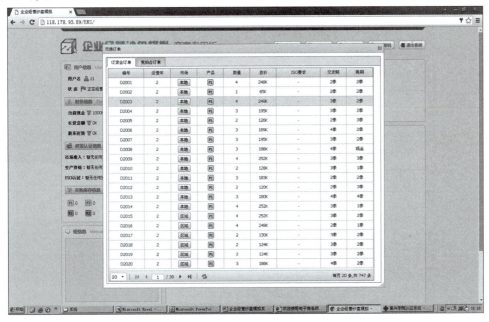

图 4-69 市场需求

(三)规则说明

各组在操作的过程中，在对规则不熟悉的情况下，可以单击“规则说明”按钮进行规则查看。规则说明如图 4-70 所示。

违约金扣除：	四舍五入	库存拍卖所得现金：	四舍五入
贴现费用：	向上取整	扣税：	四舍五入
长短贷利息：	四舍五入	贷款总额：	向下取整

违约金比例：	20.00 %	贷款额比例：	80 %
产品折价率：	100.00 %	原料折价率：	80.00 %
长贷利率：	8.00 %	短贷利率：	5.00 %
1，2季贴现率：	5.00 %	3，4季贴现率：	10.00 %
管理费：	10 K		
信息费：	1 K	所得税率：	25.00 %
最大长贷年限：	5 年	最小得单广告额：	10 K
原料紧急采购倍数：	2 倍	产品紧急采购倍数：	3 倍
选单时间：	50 秒	首位选单补时：	20 秒
市场同开数量：	2	市场老大：	无
竞单时间：	90 秒	竞单同竞数：	3

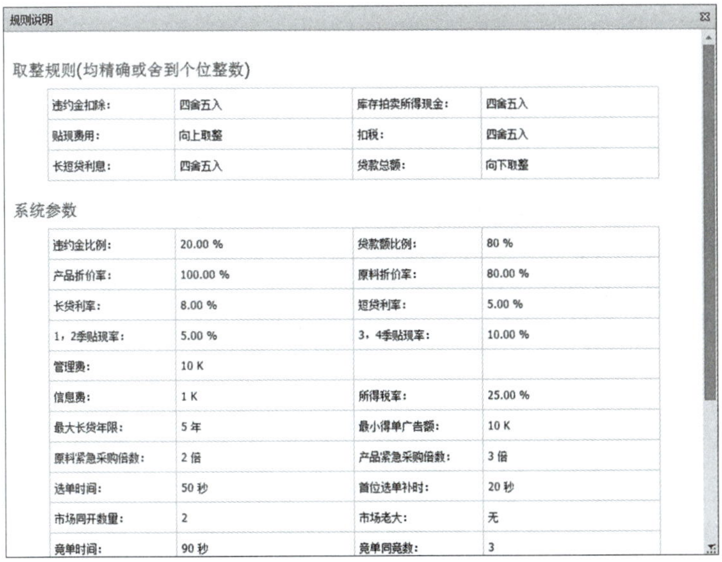

图 4-70 规则说明

二、操作流程

(一)当年开始

单击"当年开始"按钮，将开始整年的操作，如图4-71所示，新的操作流程将开启。CEO需要记录整个一年的操作过程，为财务报表计算做准备。

图4-71　当年开始

(二)申请长贷

如需申请长期贷款，单击"申请长贷"按钮，跳出弹窗，显示最大贷款额度，可输入所需长贷的金额以及选择长贷的年限。贷款金额必须为大于或等于10k的整数并小于或等于最大贷款额度。"申请长贷"操作一年只可操作一次，如图4-72所示，单击后显示如图4-73所示。

图4-72　当年开始后操作流程界面

图4-73　申请长贷

(三)当季开始

单击"当季开始"按钮后，如图4-74所示，为当季开始后操作流程界面，正式进入第一年第一季度的企业运营，在第一年后的每年的"当季开始"时，系统都会根据规则自动判断，是否需要偿还短期贷款本金和支付短期贷款利息，如果需要则系统会提示需要支付的短贷本金和短贷利息，如图4-75所示。"当季开始"后，之前的操作权限将关闭，可以开启新的操作流程。

图4-74　当季开始后操作流程界面

图 4-75　支付还短期贷款本金和付短期贷款利息

（四）申请短贷

如需申请短期贷款，单击"申请短贷"按钮，跳出弹窗，如图 4-76 所示，显示最大贷款额度，可输入所需短贷的金额，贷款金额必须为大于或等于 10k 的整数并小于或等于最大贷款额度。每一季度只能申请一次短期贷款。需要注意的是，如果某一季度有短期贷款需要归还，且同时还拥有贷款额度时，必须先归还到期的短期贷款，才能申请新的短期贷款。

图 4-76　申请短贷

（五）更新原料库

单击"更新原料库"按钮，系统会根据原材料的配送情况判断是否需要支付原料费，并显示需支付的金额。原材料金额需要一次性全额支付，现金不足将无法进入下一步，如图 4-77 所示。

图 4-77　更新原料库

单击"确定支付"按钮后，系统会提示更新原料库成功，如图 4-78 所示。同时，可在采购库存信息中查看库存数据。单击"确定"按钮后，之前的操作权限将关闭，可以开启新的操作流程，如图 4-79 所示。

图 4-78　提示更新原料库成功

图 4-79　更新原料库后操作流程界面

（六）下原料订单

公司在生产前，库存中必须有原材料，原材料通过"下原料订单"获得，每种原料的运货期不同，可根据运货期下单。单击"下原料订单"按钮，如图 4-80 所示。

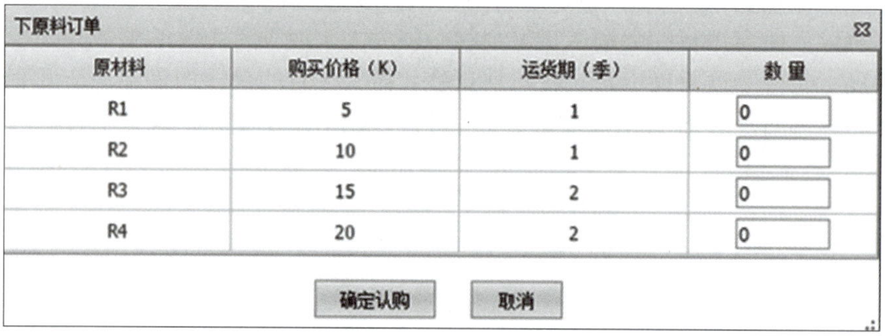

原材料	购买价格（K）	运货期（季）	数量
R1	5	1	0
R2	10	1	0
R3	15	2	0
R4	20	2	0

确定认购　　取消

图 4-80　下原料订单

在所需原材料的后面输入数量，需为正整数，单击"确定认购"按钮，则会提示下原料订单成功。"下原料"订单操作一个季度只允许一次，下原材料订单时不扣除现金，如图 4-81 所示。

提醒

下原料订单成功

确定

图 4-81　下原料订单成功确认

（七）购置厂房

公司在新建生产线之前需要购置厂房，单击"购置厂房"按钮，如图 4-82 所示。

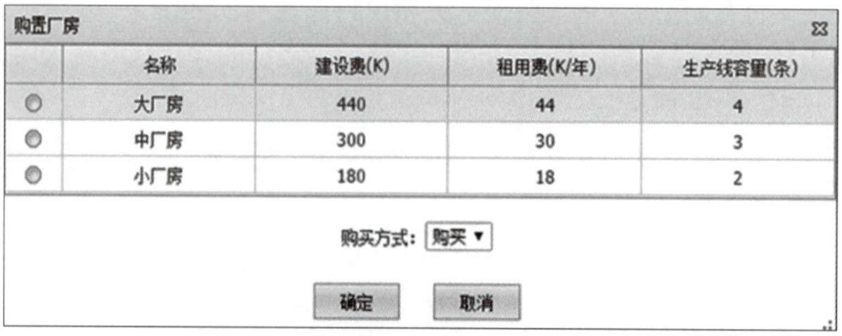

	名称	建设费(K)	租用费(K/年)	生产线容量(条)
○	大厂房	440	44	4
○	中厂房	300	30	3
○	小厂房	180	18	2

购买方式：购买 ▼

确定　　取消

图 4-82　购置厂房

选定厂房大小以及购置方式，其中购置方式分为购买和租用，单击"确定"按钮，如图4-83 所示，则系统会提示购买成功，并且在厂房位置会显示相应的厂房以及厂房的容量和购置方式；一次操作只能购置 1 个厂房，"购置厂房"允许操作多次，但厂房总数量不能超过 4 个。如果决定购买厂房，需要立即一次性全额支付，如果决定租用厂房，租金立即支付。资金不足时会提示"公司资金不够支付"，无法购买或租用。租用的厂房如果到期没有选择"租转买"或"退租"，系统自动做续租处理，租金在"当季结束"时和"行政管理费"一并扣除。

图 4-83　购置厂房成功确认

(八)新建生产线

进行产品生产前必须新建生产线，如图 4-84 所示。如果购买或租用了某个厂房，则需在新建生产线时选择将生产线建在那个厂房中，同时选择生产线的类型以及生产产品的类型；一次操作只能新建一条生产线，"新建生产线"允许操作多次，直到厂房没有容量为止。生产线一旦购置便不允许在厂房之间搬动；生产产品的类型一经确定便不能更换，如需更换，须在生产线建成后，进行转产处理。

	名称	建设费(K)	安装时间(季)	生产周期(季)	转产费用(K)	转产季度	维护费(K/年)
○	手工线	35	0	2	0	0	5
○	半自动线	50	1	2	20	1	10
○	自动线	150	3	1	20	1	20
○	柔性线	200	4	1	0	0	20

选择厂房：[1]小厂房,容量: 2　▼

生产产品：P1　▼

确定　　取消

图 4-84　新建生产线

单击"确定"按钮后系统会提示新建生产线成功，如图 4-85 所示。手工线当季购买当季即可使用，半自动线、自动线和柔性线待最后一期投资到位后，必须到下一季度开始才能安装完成，才允许投入使用。新建生产线一经确认，即刻进入第一期在建，当季便自动扣除现金，并且在生产线位置显示相应的生产线以及生产线的状态。现金不足时会提示"公司资金不够支付"，无法新建生产线。未安装成功的生产线显示"安装中"，并给出安装进度，已经完成的生产线显示"空闲"，空闲的生产线可进行转产、出售、生产的操作。用户可将鼠标悬浮在某条生产线上，将有窗口给出该条生产线的详细信息，如图 4-86

所示。

图 4-85　生产线信息

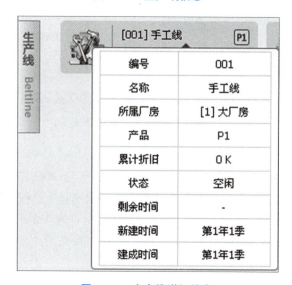

图 4-86　生产线详细信息

如果想要更改生产线生产产品的类型，在生产线空闲状态时单击"转"按钮，系统给出该生产线的转产周期及费用，用户选择需要转产产品的类型。单击"确定"按钮后，将立即扣除转产费用，生产线状态变为"转产中"，直到转产周期结束。当用户不想要某条生产线时可选择出售，在生产线空闲状态时单击"售"按钮，并单击"确定"按钮。生产线出售将立即获得等同于其残值的现金。如图 4-87、图 4-88 所示。无论生产线净值多少，出售生产线时都按生产线残值出售，净值与残值之差计入损失。

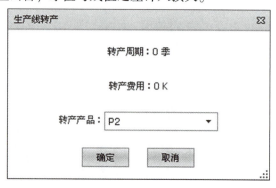

图 4-87　生产线转产

图 4-88　生产线出售

在用户获得相应原材料和生产资格的前提下，可进行产品生产，在生产线空闲状态时单击"产"按钮。再单击"确定"按钮之后生产线状态变为"生产中"，并给出生产进度。如图 4-89、图 4-90 所示。到下一季度时按"当季开始"后，生产进度加一格，如果进度已满，代表生产完成，该类型产品的库存将自动加 1，可在采购库存信息中查看生产完成的产品，生产线立即恢复到"空闲"状态。所有生产线的转产、出售、生产操作只能在每一季度的本阶段进行，即转产及生产操作只能在单击"更新原料库"按钮后，单击"应收款更新"按钮之前操作；出售操作需要生产线处于空闲状态。

所有生产线的转产、出售、生产操作只能在每一季度的本阶段进行。

图 4-89　生产线生产

图 4-90　生产线生产中

(九)在建生产线

公司从第一年第二季开始，如果有新建生产线且安装周期大于一个季度的，则需要对在建生产线进行再投资，单击"在建生产线"按钮，单击复选框，选中所需要的在建生产线。"在建生产线"1 个季度只可操作一次，如图 4-91 所示。

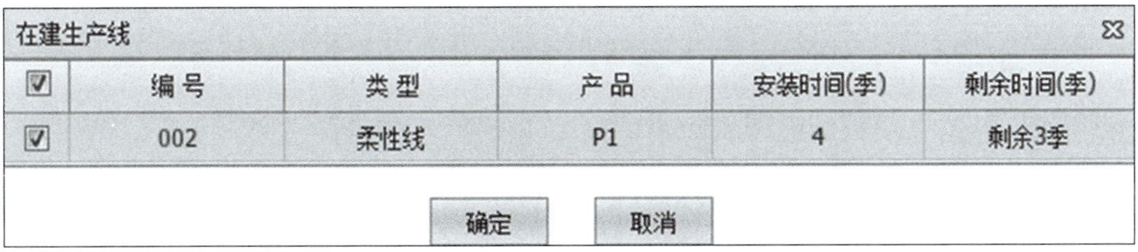

☑	编 号	类 型	产品	安装时间(季)	剩余时间(季)
☑	002	柔性线	P1	4	剩余3季

图 4-91　在建生产线

单击"确定"按钮后系统会提示是否确定投资选中的生产线，如图 4-92 所示。继续单击"确定"按钮，系统将立即扣除全部所选生产线1个季度建设费的总和。现金不足时系统会提示"公司资金不够支付"，无法投资生产线。

图 4-92 在建生产线确认

(十)应收款更新

从第二年开始，每一年的第一季度都可投放广告，然后参加订货会。订货会选中的订单在交货之后，用户将获得订单总价的应收款，单击"应收款更新"按钮后所有应收款账期减1，当为0时，即为收现金额。单击"确定收款"按钮，如图4-93所示，收现金额将自动加入用户现金。"应收款更新"后，之前的操作权限将关闭，可开启新的操作流程，如图4-94所示。

图 4-93 应收款更新

图 4-94 应收款更新后操作流程界面

(十一)订单交货

从第二年第一季度起，每年参加订货会选中订单，当产品库存满足订单的数量时就可以单击"确认交货"按钮，用户将立即获得订单总价的应收款，账期为现金的，交货后金额自动加入用户现金，如图4-95所示，可以提前进行交货，但如果超过交货期，则会显示已违约，违约会根据相关规则处罚，当年结束会扣除违约金。

编号	市场	产品	数量	总价	ISO要求	交货期	账期	操作
D2002	本地	P1	2	96K	-	3季	现金	确认交货

图 4-95 订单交货

(十二)产品研发

在进行产品生产前，必须对产品进行研发以便获得生产资格，不同产品的投资费用、投资时间不同。如果产品未研发完成则不能进行生产，单击"产品研发"，如图 4-96 所示。产品研发可以中断或终止，但不允许超前或集中投入。已投资的研发费用不能回收，但永久有效，即产品研发完成前每年都需要进行操作才能继续研发。

	产品	投资费用(K/季)	投资时间(季)	剩余时间(季)
☐	P1	10	2	2
☐	P2	10	3	3
☐	P3	10	4	4
☐	P4	11	5	5
☐	P5	12	6	6

产品研发

确定　取消

图 4-96　产品研发

在复选框中选择需要研发的产品后，单击"确定"按钮，系统会提示："确定投资选中产品吗?"，单击"确定"按钮则确认对选中产品的研发，确定后系统将立即扣除所有产品 1 个季度的研发费用的总和，单击"取消"按钮则重新选择需要研发的产品，如图 4-97 所示。现金不足时系统会提示"公司资金不够支付"，无法研发产品。"产品研发"1 个季度只可操作一次。

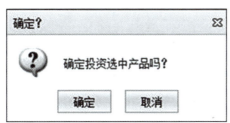

图 4-97　产品研发确认

(十三)厂房处理

公司可以根据情况需要对已购置的厂房进行处理，选中需要处理的厂房，根据购买方式选择合适的处理方式。单击"厂房处理"按钮，如图 4-98 所示。

	编号	名称	厂房状态	容量	剩余容量
◉	01	小厂房	购买	2	2
○	02	大厂房	租用	4	4

厂房处理

处理方式：◉ 卖出(买转租)　○ 退租　○ 租转买

确定　取消

图 4-98　厂房处理

购买的厂房只可选择"卖出（买转租）"。当厂房内无生产线时将立即获得相当于厂房买价的 4 个账期的应收款，厂房将消失；如厂房中有生产线，视同厂房转租，在获得 4 个账期应收款的同时要扣除厂房租金，厂房状态变为"租用"；租用的厂房在无生产线的情况下可选择"退租"，退租确定后厂房将消失，厂房有生产线时会出现提示，无法退租；租用的厂房选择"租转买"时，将立即扣除厂房买价，厂房状态变为"购买"，现金不足时系统会提示"公司资金不够支付"，无法购买厂房。"厂房处理"操作每季度可进行多次。

（十四）当季结束

确定一个季度的工作操作完成之后，单击"当季结束"按钮，系统将提示公司确认是否要结束当季，并且每一季度都需支付行政管理费，当季结束后系统将进入下一季度的操作流程，如图 4-99 所示。

图 4-99　当季结束

（十五）ISO 认证

每年第四季度的该阶段，将增加两个操作：ISO 认证及市场开拓。如图 4-100 所示。

图 4-100　每年第四季度末操作流程界面

公司在订货会和竞选订单的时候有些订单需要 ISO 的认证。单击"ISO 认证"按钮，如图 4-101 所示，在复选框中选中需要进行的 ISO 进行认证，资格认证可以中断或终止，但不允许超前或集中投入。投资中断，已投入的资金依然有效，已投资的认证费不能收回。如果资格认证没有完成，不允许选择有资格认证要求的订单。在认证完成前必须每年都进行操作才能继续投资。

	ISO	投资费用(K/年)	投资时间(年)	剩余时间(年)
☐	9	10	2	2
☐	14	10	3	3

确定　　取消

图 4-101　ISO 认证

单击"确定"按钮，系统会提示："确定认证选中 ISO 吗?"，如图 4-102 所示，确认后系统将直接扣除所选的全部 ISO 认证的一年投资费用总和，现金不足时系统会提示"公司资金不够支付"，无法认证。"ISO 认证"每年只可操作一次。

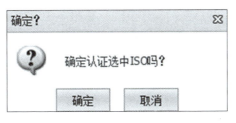

图4-102 ISO认证确认

(十六)市场开拓

公司根据自身的需求,在每年的第四季度都可开拓市场,不同的市场开拓所需的时间也不同,市场开拓可以中断或终止,但不允许超前或集中投入。投资中断,已投入的资金依然有效,已投资的开拓费不能收回。如果市场开拓没有完成,不允许在该市场投放广告。市场开拓完成前必须每年都进行操作才能继续开拓,如图4-103所示。

市场开拓				⊠
	市 场	投资费用(K/年)	投资时间(年)	剩余时间(年)
☐	本地	10	1	1
☐	区域	10	1	1
☐	国内	10	2	2
☐	亚洲	10	3	3
☐	国际	10	4	4

确定 取消

图4-103 市场开拓

在复选框中选中全部所需开拓的市场,如图4-104所示,单击"确定"按钮则系统会提示是否开拓所选中的市场,单击"确定"按钮则确定开拓选中的市场,系统立即扣除全部所选市场认证的一年投资费用总和,现金不足时系统会提示"公司资金不够支付",无法投资。单击"取消"按钮,则放弃对选中市场的开拓,可进行重新选择。"市场开拓"每年只可操作一次,完成开拓后的市场永久有效。

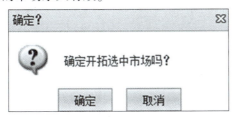

图4-104 开拓市场确认

(十七)当年结束

确定一年的工作操作完成之后,单击"当年结束"按钮,系统将提示公司确认是否要结束当年,并且给出需要归还的长期贷款本金、需要支付的长期贷款利息、订单违约金、厂房租金、生产线维修费、行政管理费及应付所得税,"当年结束"后(见图4-105)所示,之前的操作权限将关闭，可以开启新的操作流程，如图 4-106 所示。

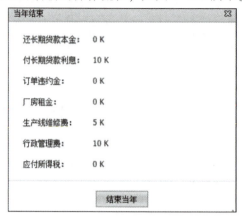

图 4-105　当年结束

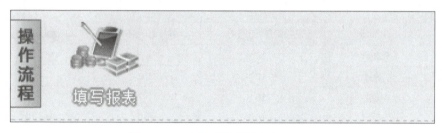

图 4-106　当年结束后操作流程界面

（十八）填写报表

当年结束后，各组需要填写企业报表，所有栏目皆为必填项，所填项必须为整数，如填写错误将根据系统规则扣除企业得分。每运行完一年，CFO 应在企业经营财务报表完成每项财务数据计算，再填入系统，如图 4-107 所示。

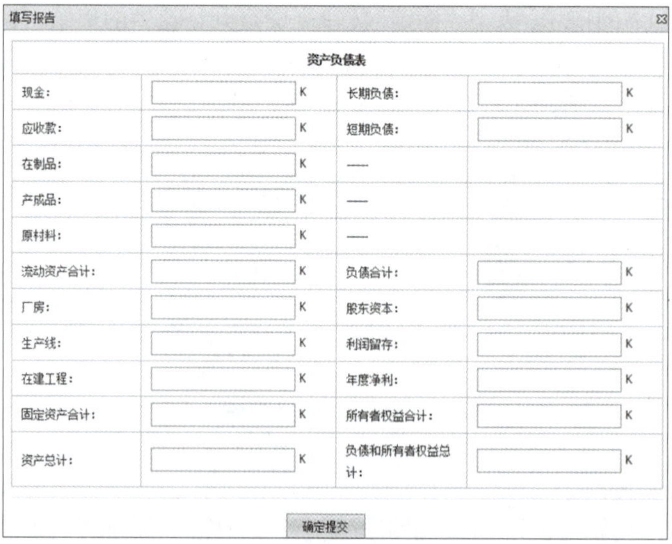
填写报告

资产负债表

现金：	K	长期负债：	K
应收款：	K	短期负债：	K
在制品：	K	——	
产成品：	K	——	
原材料：	K	——	
流动资产合计：	K	负债合计：	K
厂房：	K	股东资本：	K
生产线：	K	利润留存：	K
在建工程：	K	年度净利：	K
固定资产合计：	K	所有者权益合计：	K
资产总计：	K	负债和所有者权益总计：	K

确定提交

图 4-107　填写报表

(十九)投放广告

从第二年起，每一年单击"当年开始"按钮都将增加"投放广告"和"参加订货会"的操作流程，如图 4-108 所示，企业可通过投放广告获得订货会选单的机会，从而盈利。在一个回合中，每投放 10k 广告费理论上将获得一次选单机会，此后每增加 20k，理论上多一次选单机会，只有在所有用户都进入当年才能投放广告，且企业只能在已开拓的市场投放广告，产品广告投放必须为大于或等于 0 的整数，投放广告确定后将立即扣除现金，如图 4-109 所示。

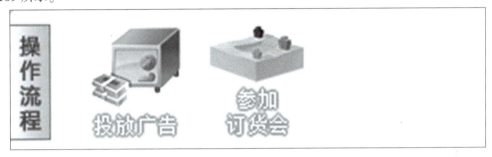

图 4-108　第二年起当年开始后操作流程界面

图 4-109　投放广告

(二十)参加订货会

从第二年起，所有用户都进入当年并投放广告才能参加订货会。

界面上方为市场标签，可点击进行切换；左侧为用户、产品广告、上年本细分市场的销售额、违约情况以及可选单次数；右端为市场订单情况，包括订单编号、数量、总价、交货期、账期及 ISO 要求。轮到自己选单时可看到每张订单后有"选中"二字，根据公司的情况进行选单。

选单时，两个市场同时开单，各公司需要同时关注两个市场的选单进展，订货会上方也将提示市场情况，其中一个市场先结束，则第三个市场立即开单，即任何时候都会有两个市场同时开单，除非到最后只剩下一个市场选单未结束。如某年有本地、区域、国内、亚洲四个市场有选单，则系统将对本地、区域市场同时放单，各市场按 P1、P2、P3、P4、P5 产品顺序独立放单，若本地市场选单结束，则国内市场立即开单，此时区域、国内两个市场保持同开，紧接着区域市场结束选单，则亚洲市场立即放单，即国内、亚洲两个市场同开。选单时，各公司需要点击相应的市场按钮（如"国内"），某一市场选单结束，系统不会自动跳到其他市场。如图 4-110 所示。

图 4-110　订货会选单

（二十一）竞拍会

只有在第三年和第六年的当年开始后才有竞拍会这一步骤，可以看到订单市场、订单产品、数量情况、ISO 认证要求，企业需要设置竞价，包括总金额、交货期以及账期。时间结束将直接给出中标用户情况，并扣除中标用户的标书费。资金不足时不能参加竞拍会。如图 4-111 所示。

竞拍会										
欢迎参加第 3 年竞拍会，当前回合剩余时间为 85 秒										
#	编号	市场	产品	数量	ISO要求	得单用户	总金额	交货期	账期	状态
⊞	J3006	本地	P1	4	-	-	-	-	-	设置竞价
	J3007	本地	P1	1	-	m1	100K	1季	现金	完成
⊞	J3008	本地	P1	1	-	-	-	-	-	设置竞价

图 4-111　竞拍会界面

4.4.4　应急操作

应急操作包括七项内容，下面主要分析前六项内容。

一、贴现

公司在运营的过程中，可能会出现现金不足的情况，这时候就需要进行应收账款"贴现"，如图 4-112 所示，可填写相应账期的贴现额，贴现额须为正整数，单击"确定贴现"按钮后，企业将直接获得扣除贴现费后的现金，同时应收款变为减去贴现额后的数值。贴现费用采用向上取整的规则。

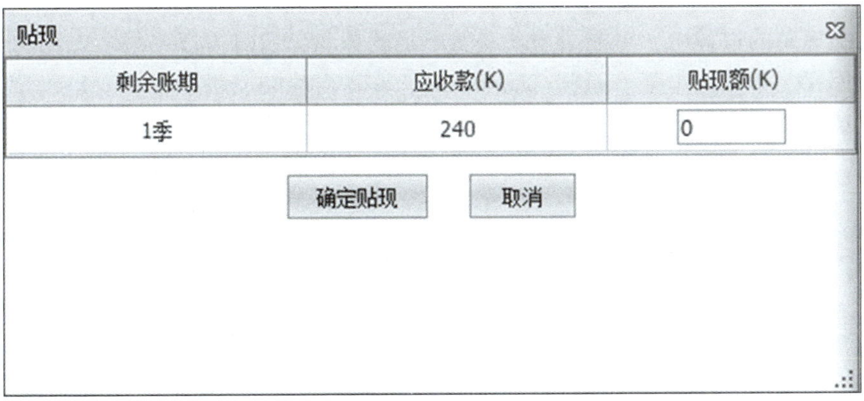

图 4-112　贴现

二、紧急采购

公司在运营的过程中，可能会出现公司产品库存无法满足订单或者原材料库存不足的情况，这时候可以进行"紧急采购"，企业选中某一原材料或产成品，并在对应的表格下方填入订购量，订购量须为正整数，单击"确定认购"按钮，系统将立即扣除现金，资金不足时系统会提示"公司资金不够支付"，无法购买，如图 4-113 所示。

需要注意的是，紧急采购时原材料是原价格的 2 倍，产品是原价格的 3 倍（看参数设置）。一次操作只能订购一种原材料或产品，但运营过程中可随时多次操作。

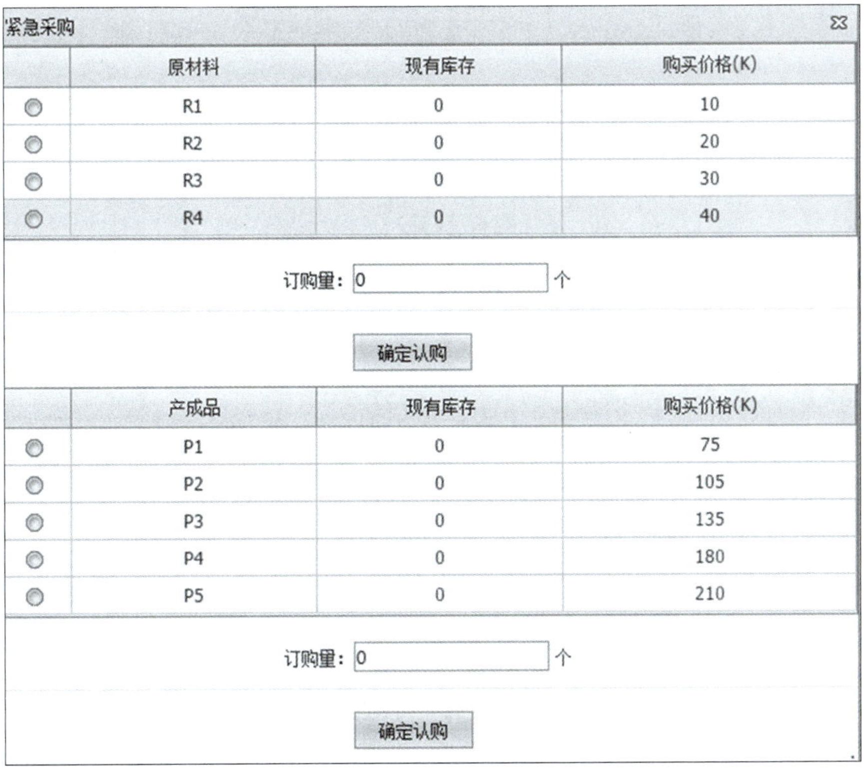

图 4-113　紧急采购

三、出售库存

公司在运营的过程中，可能会出现经费不足的情况，这时可以出售多余的原材料库存或者产品库存。企业选中某一原材料或产成品，并在对应的表格下方填入出售量，出售量须为小于或等于库存量的正整数，单击"确定出售"按钮，如图 4-114 所示，系统将立即增加现金，一次操作只能出售一种原材料或产成品，但运营过程中可随时多次操作。

原材料	现有库存	出售价格(K)
R1	0	4
R2	0	8
R3	0	12
R4	0	16

出售量：0 个

确定出售

产成品	现有库存	出售价格(K)
P1	0	25
P2	0	35
P3	0	45
P4	0	60
P5	0	70

出售量：0 个

确定出售

图 4-114 出售库存

四、厂房贴现

公司在运营的过程中，可能会出现资金不足的情况，这时可以进行"厂房贴现"，如图 4-115 所示，对已购买的厂房进行处理，选中厂房并单击"确定贴现"按钮，将立即获得扣除贴现费的现金，如厂房内有生产线，则还需扣除厂房租金。

编号	名称	容量	剩余容量
01	大厂房	4	1

确定贴现   取消

图 4-115 厂房贴现

五、情报

公司在运营的过程中，通过单击"情报"按钮可以免费获得本公司的综合信息，也可以付费获得竞争公司的综合信息，下载资料可看到公司信息、库存信息、银行贷款、研发认证、厂房与生产线以及订单信息的具体信息，如图 4-116 所示，点击下载竞争公司的综合信息将立即扣除现金，如图 4-117 所示。

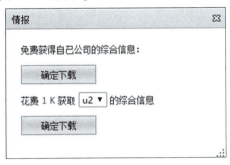

图 4-116　购买情报

图 4-117　情报具体内容

六、订单信息

公司在运营的过程中，通过单击"订单信息"按钮可以查看经营过程中获得的所有订单信息，包括编号、市场、产品、数量、总价、状态、得单年份、ISO 要求、交货期、账期以及交货时间，如图 4-118 所示。

编号	市场	产品	数量	总价	状态	得单年份	ISO要求	交货期	账期	交货时间
6	本地	P1	1	21K	已交单	第2年	-	2季	4季	第二年第二季

图 4-118　订单信息

4.5　ERP电子沙盘教学组织

4.5.1　经营前准备

一、学生

（1）角色到位——总经理、财务总监、生产总监、营销总监、采购总监。

（2）每队一张盘面——代表一家虚拟企业。

（3）每队 k 币若干——代表创业资金。

（4）每队联网至少电脑一台——输入经营决策。

（5）经营流程表、会计报表、预算表、产品核算统计表等若干。

二、管理员(教师)

(1)服务器安装、网络连接、投影仪等到位。

(2)银行、客户、原材料供应商等辅助角色到位。

特别提示:若人员不够,银行、客户、原料供应商也可省略,采用自助式交易。

(3)教师的作用。

在这种体悟式的课程中,教师的作用十分独特,他不再单单是讲解者,而是在不同阶段扮演着不同角色:调动者、观察家、引导者、分析评论员、业务顾问等。

①调动者。为了让学员能充分投入,在模拟操作过程加深体验,教师在课程中担任多个角色,为学员创造逼真的模拟环境。如:代表股东的董事会提出发展目标;代表客户洽谈供货合同;代表银行提供各项贷款服务;代表企业发布各项经营政策,等等。

②观察家。在课程进行过程中,教师通过观察每个学生在模拟过程中的表现,判断哪些知识是学生最欠缺的,并根据学生的特点选择最有利于其快速吸收的讲授方法。

这种独特的、切实关注学生收获的教学方法得到了以往学生的高度赞扬。

③引导者。由于该课程中一半以上的时间是学生在进行模拟操作,大多数学生都会把模拟过程与实际工作联系起来,并且会把实际工作中的一些经验方法、思维方式展现出来。

教师会充分利用这些机会,帮助学生进行知识整理,并引导学生进入更高层面的思考。

④顾问。由于学生们具有不同的经验、知识背景和兴趣,所以课程摒弃了按照固定的程序、灌输特定理论或是教授特定工具的教学方式。教师的角色更倾向于顾问。教师不仅局限在课程中触发学生的学习兴趣,还要提供必要的建议,讲解理论知识和软件应用,并进一步根据学生的需要,帮助学生系统整理已掌握的知识和经验,解答由课程引发的关于实际工作中的问题。

4.5.2 系统准备

(1)打开 IE 浏览器,键入"http://服务器 IP/manage",输入默认系统管理员账号及密码(均为"admin",使用时务必修改密码)。

(2)确定分组方案。企业经营沙盘模拟系统支持 6~18 组经营,管理员可根据分组情况选择。双击"数据初始化",选择分组方案,并为各队命队为 U01、U02、U03……(格式可以修改,但是必须有序号)初始状态设为"新用户",经营时间设为第一年第一季度。

(3)设置系统参数。可以根据训练需要,修改经营参数,也可以接受默认值。双击"系统参数",修改相应参数,并单击"确认"按钮进行确认。

特别提示:

①本教程引用规则及参数均为系统默认。

②经营初始状态只有现金,即各企业的创业资金。

③经营过程中可以修改系统参数,随时生效(初始资金除外)。

④必须先确定分组方案,再修改系统参数方有效。

⑤进行以上工作时学生端不可进入系统。

(4)添加运营管理员。运营管理员负责查看企业资源状态、发布公共信息、订单管理等日常事务。双击"管理员列表"，添加新管理员，输入运营管理员账号、密码。

(5)以运营管理员身份登录系统。

4.5.3　企业登录注册

(1)各队系统操作人员登录学生端(前台)，在 IE 地址栏中键入"http：//服务器 IP/Member/Login. asp"(或者直接输入 IP)，以管理员为其分配的队名(U01，U02⋯⋯)和初始密码(均为"1")登录系统。

(2)用户登记。首次进入系统需要修改密码，填写公司名称、宣言及各角色姓名。登录确认后不可更改。

4.5.4　沙盘运营规则

一、初始状态

(一)财务状态

公司初始时，拥有总经费 3 000k，其中 k 为资金单位。

(二)业务状态

市场上所需求的产品为 P 系列产品，分别为 P1、P2、P3、P4、P5 产品，详见表4-1。

表4-1　企业产品表

产品属性	低端产品	中端产品	高端产品
产品	P1、P2	P3	P4、P5

二、经营规则

(一)融资

企业融资表，详见表4-2。

表4-2　企业融资表

贷款类型	贷款时间	贷款额度	贷款年限	年利息/%	还款方式
长期贷款	每年年初	所有长贷和短贷之和不能超过上年权益的80%	5 年	8	年末付息，到期还本付息
短期贷款	每季度初		1 年	5	到期一次还本付息
股东注资	任何时间	不限	不限	无	教师注资，无须还款

规则说明：

(1)长期和短期贷款信用额度：长短期贷款的总额度(包括已借但未到还款期的贷款)为上年末所有者权益总计的80%，取整规则采用向下取整；长期贷款、短期贷款必须为大于等于10k 的整数申请。例：第一年所有者权益为 800k，第一年已借 4 年期长贷 506k：(且未申请短期贷款)，则第二年可贷款总额度为：800k×80%-506k＝134k。

(2)贷款规则：

①长期贷款每年年末必须支付利息，到期还本付息。长期贷款年限为 5 年。

②最后一年运营结束时，不要求归还没有到期的各类贷款。

③短期贷款年限为1年，例：某一季度有短期贷款需要归还，且同时还拥有贷款额度时，必须先归还到期的短期贷款，才能申请新的短期贷款。

④贷款利息取整规则采用四舍五入。例：短期贷款210k，则利息为：210k×5%＝10.5k，取整后，实际支付利息为11k。

⑤长期贷款利息是根据长期贷款的贷款总额乘以利率计算，取整规则采用四舍五入。例：第一年申请504k长期贷款，第二年申请204k长期贷款，则第二年年末所需要支付的长期贷款利息＝（504k+204k）×8%＝56.64k，取整后，实际支付利息为57k。

(二)厂房

企业厂房信息，详见表4-3。

表4-3　企业厂房信息

厂房	买价	租金	最大容量
大厂房	440k	44k/年	4条
中厂房	300k	30k/年	3条
小厂房	180k	18k/年	2条

规则说明：

(1)购买或租用厂房可以在任何季度进行。如果决定购买厂房，需要立即一次性全额支付，如果决定租用厂房或者厂房买转租，租金立即支付。

(2)厂房租用后，一年后可做"租转买""退租"等处理(例：第一年第一季度租厂房，则以后每一年的第一季度末"厂房处理"均可"租转买")，如果到期没有选择"租转买""退租"，系统自动做续租处理，租金在"当季结束"时和"行政管理费"一并扣除。

(3)要新建生产线，必须购买或租用厂房，没有租用或购买厂房不能新建生产线。

(4)如果厂房中没有生产线，可以选择厂房退租。

(5)对已购买的厂房出售后，得到相当于厂房买价的4个账期的应收款，紧急情况下可对已购买的厂房进行厂房贴现，视同为4个季度应收款贴现，如厂房中有生产线，视同厂房转租，同时要扣租金。

(6)厂房使用可以任意组合，但总数不能超过4个。

(三)生产线

企业生产线信息，详见表4-4。

表4-4　企业生产线信息

生产线	购置费	安装周期	生产周期	总转产费	转产周期	维修费	残值
手工线	35k	无	3个季度	0k	无	5k/年	5k
半自动线	50k	1个季度	2个季度	20k	1个季度	10k/年	10k
自动线	150k	3个季度	1个季度	20k	1个季度	20k/年	30k
柔性线	200k	4个季度	1个季度	0k	无	20k/年	40k

规则说明：

(1)新建生产线，需先选择厂房，然后选择生产线的类型，特别要确定生产产品的类型；生产产品一经确定，本生产线所生产的产品便不能更换，如需更换，须在建成后，进行转产处理。

（2）手工线当季购买当季即可使用，半自动线、自动线和柔性线需要有安装周期，投资需要分期投入，待最后一期投资到位后，必须到下一季度开始才算安装完成，才允许投入使用。

（3）新建生产线一经确认，即刻进入第一期在建，当季便自动扣除现金。

（4）无论生产线净值多少，出售生产线时按生产线残值出售，净值与残值之差计入损失。

（5）只有已经建成的并且空闲的生产线方可转产、生产、出售。

（6）当年建成的生产线年末需要交维修费；凡已出售的生产线和正在安装的生产线无须交纳维护费；

（7）每条生产线一周期只能生产一个产品。

（四）生产线折旧

企业生产折旧如表 4-5 所示。

表 4-5　企业生产线折旧

生产线	购置费	残值	建成第一年	建成第二年	建成第三年	建成第四年	建成第五年
手工线	35k	5k	0	10k	10k	10k	0
半自动线	50k	10k	0	10k	10k	10k	10k
自动线	150k	30k	0	30k	30k	30k	30k
柔性线	200k	40k	0	40k	40k	40k	40k

注：当年建成生产线当年不提折旧，当净值等于残值时生产线不再计提折旧，但可以继续使用。

（五）产品研发

只有完成产品研发后，才能获得产品生产资格，产品研发需要分期投入研发费用。规则如下表所示，详见表 4-6。

表 4-6　企业产品研发

产品类型	研发费用	研发费用总额	研发周期	加工费	直接成本	产品组成
P1	10k/季度	20k	2 个季度	5k/个	25k/个	R1+R3
P2	10k/季度	30k	3 个季度	5k/个	35k/个	R2+R4
P3	10k/季度	40k	4 个季度	5k/个	45k/个	R1+R3+R4
P4	11k/季度	55k	5 个季度	10k/个	60k/个	P1+R2+R3
P5	12k/季度	72k	6 个季度	10k/个	70k/个	P2+R1+R4

规则说明：

（1）产品研发可以中断或终止，但不允许超前或集中投入。已投资的研发费不能回收，但永久有效。

（2）如果研发没有完成，无法进行产品生产。

（3）紧急采购时，产品价格是直接成本的 3 倍，紧急采购多付出的成本计入综合费用表中的"损失"。

(4)出售产成品按产品的直接成本价计算。例：出售 1 个 P2 获得 1×35k＝35k。

(六)资格认证

拥有资格认证的企业可在订货会或竞拍会中获取有资格认证要求的订单，企业 ISO 认证规则如表 4-7 所示。

规则说明：资格认证可以中断或终止，但不允许超前或集中投入。已投资的认证费不能回收，但永久有效。如果资格认证没有完成，不允许选择有资格认证要求的订单。

表 4-7　企业 ISO 资格认证规则

认证类型	认证费用	认证年限	认证费用总额
ISO9000	10k/年	2 年	20k
ISO14000	10k/年	3 年	30k

(七)市场开拓

企业市场开拓信息如表 4-8 所示。

表 4-8　企业市场开拓信息

市场类型	开拓费用	开拓年限	开拓费用总额
本地	10k/年	1 年	10k
区域	10k/年	1 年	10k
国内	10k/年	2 年	20k
亚洲	10k/年	3 年	30k
国际	10k/年	4 年	40k

规则说明：

(1)市场开拓只有在每年第四季度才可以操作；完成开拓后的市场永久有效。

(2)市场开拓可以中断或终止，但不允许超前或集中投入。已投资的开拓费不能回收，但永久有效。如果市场开拓没有完成，不允许在该市场投放广告。

(八)原材料采购

企业原材料采购信息如表 4-9 所示。

规则说明：

(1)原材料根据提前期的规定，需要提前下原材料订单，没有下订单的原材料不能采购入库。

(2)所有预订的原材料到期必须全额支付。

(3)紧急采购时，原材料价格是正常购买价格的 2 倍，紧急采购多付出的成本计入综合费用表中的"损失"。

(4)原材料打八折出售。例：出售 1 个 R2 原材料获得 10k×80%＝8k。

表4-9 企业原材料采购信息

原材料类型	购买价格	提前期
R1	5k/个	1个季度
R2	10k/个	1个季度
R3	15k/个	2个季度
R4	20k/个	2个季度

(九)订货规则

(1)广告规则:每次参加订货会之前,需要进行广告投放。在某个细分市场上投放10k广告费,该细分市场理论上将获得一次选单机会,此后每增加20k理论上多一次选单机会,选单总次数根据该细分市场订单总数决定。例:本地P1投放30k广告费,表示最多有2次选单机会,但是能否选到2次取决于市场需求及竞争态势。如果投放小于10k广告则无选单机会,但仍扣广告费,对计算市场广告额有效。广告投放可以是非10的倍数,如11k、12k,且投放12k比投放11k或10k优先选单。

(2)选单规则:当所有企业投放广告后,进入订货会进行选单,选单顺序如下:

①选单时首先以当年本市场本产品广告额投放大小顺序依次选单。

②如果两组本市场本产品广告额相同,则根据本市场广告总额投放大小顺序依次选单。

③如果本市场广告总额也相同,则根据上年本市场销售排名高低顺序依次选单。

④如仍无法决定,则根据投放广告时间先后顺序依次选单。

注:

• 第一年无订货会;

• 在某细分市场(如本地P1)有多次选单机会,只要放弃一次,则视同放弃该细分市场剩余所有选单机会;

• 如果某公司在上一年中某个市场的销售总额最高且没有违约记录,则该公司在该市场属于本年的市场老大,市场老大在下一年订货会有优先选择该市场订单的权利。

(十)竞拍规则

在第三年和第六年订货会后,召开竞拍会。系统一次放3张订单同时进行竞拍。参与竞标的订单标明了订单编号、市场类型、产品类型、产品数量、ISO认证要求等,而订单总价、交货期、应收账期三项为空。竞标订单的相关要求说明如下:

(1)投标资质。

①参与投标的公司需要有相应市场、ISO认证的资质,但不必有生产资格。

②中标的公司需为该订单支付10k标书费,计入广告费。

③如果(已竞得单数+本次同时竞拍数)×10 >现金余额,则不能再参与竞拍。即必须有一定现金余额作为保证金。例:同时竞拍3张订单,现金余额为54k,已经竞得3张订单,扣除了30k标书费,还剩余24k现金余额,则不能继续参与竞拍。

④为防止恶意竞拍,对竞得订单张数进行限制,如果某组已竞得订单张数>ROUND (3×该年竞拍总张数÷参赛队数),则不能继续竞拍。

⑤注意：

• ROUND 取整规则采用四舍五入；

• 如上式结果为"等于"ROUND，可以继续参与竞拍；

• 破产组不得参加竞拍；

• 如果某一张订单所有的组都参加竞拍，将会提前出结果，不等时间结束；

• 参赛组数指经营中的队伍，破产退出经营的队伍则不算其内。

如某年竞拍，共有 40 张，20 组参与竞拍，当一组已经得到 7 张订单，因为 7>ROUND（3×40/20），所以不能继续竞拍；但如果已经竞得 6 张，可以继续参与竞拍。

（2）投标：

①参与投标的公司须根据所投标的订单，在系统规定时间(以倒计时秒的形式显示)填写订单总价、交货期、应收账期三项内容，确认后由系统按照：

得分 = 100+（5-交货期）×2+应收账期-8×订单总价/（该产品直接成本×数量）

以得分最高者中标。如果计算分数相同，则按提交时间先后顺序中标。

②注意：

• 总价不能低于（可以等于）成本价，也不能高于（可以等于）成本价的 3 倍；

• 必须为竞拍留足时间，如在倒计时小于等于 5 秒再提交，可能无效；

• 竞拍会竞得订单与订货会选中订单，同样计入当年市场销售额。

（十一）交货规则

在订货会选单和竞拍会中获得订单后，需要在规定时间内完成订单交货，订单交货信息如图 4-119 所示。

编号	运营年	市场	产品	数量	总价	ISO要求	交货期	账期
D6601	6	本地	P5	3	480K	-	4季	2季
D6602	6	区域	P5	3	450K	9 14	4季	3季

图 4-119 订单交货信息

规则说明：

（1）订单交货可提前不可推后，否则记作订单违约。例如：交货期为 3 个季度，可在第 1 或第 2 或第 3 个季度提交订单，不可推迟，否则记作订单违约。

（2）提交订单后订单转化为对应账期的应收款。例如：账期为 2 个季度，第四季度提交订单，收款时间则在次年第二季度，应收款收回系统自动完成。

（3）若需提前收回应收款可进行订单贴现，并支付贴息，贴息记作财务费用，贴现规则如表 4-10 所示。

表 4-10 企业资金贴现规则

类型	时间	额度	利率	贴息方式
资金贴现	任何时间	视应收款额	5%（1、2 个季度） 10%（3、4 个季度）	变现时贴息，可对 1、2 个季度应收联合贴现（3、4 个季度同理）。

例：贴现 2 个季度账期的 102k 应收款，贴息 = 102k×5% 向上取整得 6k，收到资金为 102k-6k = 96k。

(十二)违约规则

违约订单不计入当年销售额，并按违约订单总价的 20% 计算违约金，取整规则采用四舍五入，并在当年第四季度结束后扣除，违约金记入"损失"。如图 4-120 所示，某企业违约了两张订单，则缴纳的违约金分别为：$146k \times 20\% = 29.2k \approx 29(k)$；$162k \times 20\% = 32.4k \approx 32(k)$，合计为 $29+32=61(k)$。

订单编号	市场	产品	数量	总价	状态	得单年份	交货期	账期	ISO	交货期
180016	本地	P2	2	146 W	违约	第2年	3季	0季	-	-
180011	本地	P1	1	60 W	已交单	第2年	2季	1季	-	第2年1季
180006	本地	P1	3	162 W	违约	第2年	3季	2季	-	-

图 4-120　订单交货信息

(十三)其他规则

(1)取整规则：

订单违约金——四舍五入；

库存拍卖所得现金——四舍五入；

贴现费用——向上取整；

所得税——四舍五入；

贷款总额度——向下取整；

长短贷利息——四舍五入。

(2)破产处理：当权益为负(指当年结束系统生成资产负债表时的权益为负)或现金断流(现金为负)时，企业破产。

(十四)系统排名

经营结束后，将根据各组的总成绩进行排名。总成绩=所有者权益×(1+企业综合发展潜力/100)。企业综合发展潜力值如表 4-11 所示。

表 4-11　企业综合发展潜力值

项目	综合发展潜力系数
半自动线	+5/条
自动线	+8/条
柔性线	+10/条
本地市场开发	+5
区域市场开发	+5
国内市场开发	+8
亚洲市场开发	+10
国际市场开发	+10
ISO9000	+10
ISO14000	+15
P1 产品开发	+5

项目	综合发展潜力系数
P2 产品开发	+8
P3 产品开发	+10
P4 产品开发	+15
P5 产品开发	+15
大厂房	+10
中厂房	+8
小厂房	+5

注意：

● 如有若干队分数相同，则参照各队经营结束后的最终权益，权益高者排名在前；若权益仍相等，则按照经营结束时间，先结束经营的队伍排名在前。

● 生产线建成即加分（结束年缴纳维修费的生产线才算建成），无须生产出产品，也无须有在制品。

● 规则中的各项数据参数均可在系统中修改。

4.5.5　沙盘财务报表填写规则

财务报表主要包含三张表：综合费用表、利润表、资产负债表。如表 4-12、表 4-13 所示。

表 4-12　企业经营财务报表填写规范

综合费用表		利润表	
项　目	金　额	项　目	金　额
管理费	10k/期（一年固定 40k）	销售收入	当年完成订单的收入总额（完成即可，不需要入账——如第二年完成的订单在第三年才收入账款，该订单收入算作第二年销售收入）
广告费	各市场各产品所有广告投入总和+标书费（例：P1 本地市场投入 15k；P2 区域市场投入 32k，竞拍会竞拍 2 条订单支付 20k 标书费，则广告费为 67k）	直接成本	当年所有完成交货的订单所售出产品的直接成本总和（例：当年所有成交订单售出 2 个 P2 和 3 个 P1）则直接成本为 2×35k+3×25k＝145k
设备维护费	已建成生产线的年维护费用总和（例：已建成 3 条自动线，自动线维护费用 20k/年，即 60k，未建成的无维护费用）	毛利	销售收入−直接成本

续表

综合费用表		利润表	
项 目	金 额	项 目	金 额
损失	紧急采购多付的产品成本(例:紧急采购 1 个 P1 产品,购买价格为 75k,实际成本为 25k,则记损失为 75−25＝50k)+订购单违约金(现金明细中可直接查看,数额为订单销售总额的 20%)+生产线出售的净值与残值之差(生产线建设费出售生产线的收入)	综合费用	见综合费用表合计
转产费	生产线转产支出费用总和(例:自动线转产费用为 20k,今年把一条自动线从 P1 转产到 P3,则转产费用为 20k)	折旧前利润	毛利−综合费用
厂房租金	当年度所有租用厂房的租金总和(例:当年租 2 个中厂房,租用费为 30k/年,则当年厂房租金为 60k)	折旧	当年所累积的所有生产线折旧总额(之前累计的不算,仅计算该年度增加的折旧,鼠标移至生产线图标上可查看累积的所有折旧额)
新市场开拓	市场开拓费用总和(每年年末市场开拓,可在现金明细中直接查看费用总和)	支付利息前利润	折旧前利润−折旧
ISO 资格认证	ISO 资格认证费用总和(每年年末开发资格认证,可在现金明细中直接查看费用总和)	财务费用	贷款利息总额(长贷总额×8%+短贷总额×5%)
产品研发	每期进行产品研发,研发费用为四期总和(每期研发费用可在资金明细中直接查看)	税前利润	支付利息前利润−财务费用
信息费	情报费用(用于获取其他公司信息的费用总和,费用为 1k/次,可在现金明细中查看)	所得税	税前利润×25%(税前利润为负数则记为 0)
合 计	所有综合费用项目相加	年度净利润	税前利润−所得税

表 4-13 企业经营资产负债表填写规范

项 目	金 额	项 目	金 额
现金	财务信息栏中的当前现金	长期负债	财务信息栏中的长期负债
应收款	财务信息栏中的应收账款	短期负债	财务信息栏中的短期负债
在制品	所有生产中产品的直接成本总额(例:目前有 2 条生产线正在分别生产一件 P1 和一件 P2,则在制品额为 25k+35k＝60k,完成生产后清除)	—	

项　目	金　额	项　目	金　额
产成品	库存中所有产品的直接成本总额（例：库存中有 1 个 P1 和 1 个 P2，则产成品额为 25k+35k = 60k）	—	
原材料	库存中所有原材料的数量乘以对应的购买价格（例：库存中有 20 个 R1 和 30 个 R3，则原材料额为 20×5+30×15 = 550k）	—	
流动资产合计	现金+应收款+在制品+产成品+原材料	负债合计	长期负债+短期负债
厂房	所有已购买厂房的建设费之和（例：已购买 2 个大厂房，租用 1 个中厂房，则厂房额仅计算 2 个大厂房的建设费之和，为 2×440k = 880k）	股东资本	初始现金（教师端设置的一开始给予的资金）+注资
生产线	所有生产线的建设费用之和减去所有生产线的累计折旧之和（例：目前有两条自动线，其中一条累计折旧 30k，另一条无折旧，则生产线额为 2×150k−30k = 270k）	利润留存	该年度之前所有年度的年度净利之和
在建工程	所有在建生产线目前所投入的资金总额（例：目前一条柔性线已建设 3 期，一条自动线已建设 2 期，建设费用为 50k/期，则在建工程额为 3×50k+2×50k = 250k）	年度净利	利润表中的年度净利润
固定资产合计	厂房+生产线+在建工程	所有者权益合计	股东资本+利润留存+年度净利
资产总计	流动资产合计+固定资产合计	负债和所有者权益总计	负债合计+所有者权益合计

第5章 ERP 企业模拟经营战略和战术技巧

◎ 本章学习目标

　　1. 了解企业经营过程中，战略规划、决策的重要性。
　　2. 掌握企业经营过程中，财务板块、市场板块、生产板块、采购板块之间的紧密联系和相互作用。
　　3. 了解在公司经营的过程中，团队起着决策、协调和激励的作用。
　　结合 ERP 沙盘模拟和现实生活的企业经营与管理，我们将从战略决策、财务、市场、生产、采购和团队六个板块进行详细说明。

5.1　战略规划

　　在沙盘模拟经营进行决策时，学生经过一番激烈的争辩后，所谓的总体决策最终演变成了打多少广告、开发多少市场之类的争论。这些做法都是不可取的，这是对企业不负责任，更是对整个经营团队不负责任的表现。企业高层在做出决策时，应该从整体出发，而不是片面地做出论断。希望学生从沙盘模拟经营实际出发，结合现实企业的情况做决策。

5.1.1　以长期战略规划为指导

　　在任何一个年度和任何一个季度的总体决策过程中，任何一家企业的目标都应该是在贯彻实施企业长期规划的前提下追求利润最大化。

　　制定长期发展战略是非常重要的，迈克尔·波特提出的总成本领先战略、差异化战略和专一化战略可以作为制定长期发展战略的参考，然而这三种战略本身并不存在谁优谁劣，无论采取何种战略，都有可能取得胜利，关键是要根据具体情况来具体分析，要对市场总体趋势有很好的分析，并且在实施战略的策略上能够把握准确。而在任何一个时间段的决策过程中，都必须注意长期目标与短期目标的协调与平衡。长期战略目标的实现，必须以每一个短期目标的实现为基础，可以将长期目标分解成 N 个短期目标，从而使长期目标变成可以实现的计划。因此，在每次决策时，都应该以利润最大化为目标。而追求利润最大化，就应该从整体出发，寻求使营销、生产、财务达到最佳平衡的决策。

5.1.2 以销售预测为起点、以竞争对手分析为基础

在任何一个年度的总体决策过程中，都是以销售预测为起点的。销售预测以上一季度的订单量为基础，通过对市场总体趋势的分析在生产能力和现金流量可以支持的范围之内，寻求一个最佳的营销组合，实现利润最大化。

销售预测必须建立在对市场总体趋势进行分析的基础上。在沙盘模拟经营中，对市场总体趋势的分析大体包括两个方面：一是宏观环境分析；二是竞争对手分析。在竞争环境下，企业的利润不仅依赖于自己的决策，还依赖于竞争对手的决策。企业要通过实地调查或其他途径了解同行业竞争对手的情况，推定竞争对手的营销组合。例如，他们研发了哪些产品？开拓了哪些市场？生产能力如何？资本结构如何？在决策时，需要考虑竞争对手的行为，博弈思维有助于企业做出良好的决策。

5.1.3 以营销、生产、采购、财务的紧密结合为保障

在整个经营过程中，营销、生产、采购、财务的紧密协调配合极为重要，这是我们做出正确可行的决策的有力保障。

为了实现利润最大化，企业必须制定出最佳营销组合。除了市场调研和竞争对手分析外，最佳营销组合也必须落实在生产能力可以支持的范围内。生产能力作为一个可控制条件，基本上已经确定了下来。但我们也会遇到这样的情况：订单数量超出实际生产能力；订单产品与产能配置不符合，既多了 A 产品又缺了 B 产品。这些问题都需要企业高层进行全方位的考虑。

生产能力的实现必须有采购部门的保证。原材料和生产线需求的匹配必须是协调的，最好的情况是实现"零库存管理"，为企业发展节省资金。但是，假如采购不及时，出现原材料空缺的情况，将会导致灾难性的后果。

很多情况下财务会制约企业的决策，如现金流经常会成为非常重要的约束条件。我们必须考虑收益和财务负债成本的关系，使决策自始至终都在收益大于成本的原则下进行，都应该有现金流的支持，没有考虑财务状况的决策是不可取的。现金为王的资金管理理念，应该深入每一个企业管理人员的心中。在经营中，最重要的法则之一是：用数据说话。企业要经过周密的考量，提供翔实可靠的数据以支撑决策。

5.2 财务板块

财务管理的目标是企业价值最大化，整个财务运作的过程都是围绕这一核心目标展开的。其中，筹资管理是财务管理的核心问题之一，企业筹资就是根据企业对资金的需求状

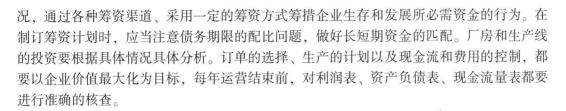

况，通过各种筹资渠道、采用一定的筹资方式筹措企业生存和发展所必需资金的行为。在制订筹资计划时，应当注意债务期限的配比问题，做好长短期资金的匹配。厂房和生产线的投资要根据具体情况具体分析。订单的选择、生产的计划以及现金流和费用的控制，都要以企业价值最大化为目标，每年运营结束前，对利润表、资产负债表、现金流量表都要进行准确的核查。

5.2.1　财务预算

财务预算是整个沙盘模拟过程中很重要的工作，可以预测企业未来对到期债务的直接偿付能力，也有利于企业及时调整运营计划，强化内部控制，还能够加强团队协作。财务预算最大的好处还在于使企业在运营中对现金流的收支情况进行更好的掌控。广告费的投入、生产线的投产、新产品的开发、原材料的购买等都离不开现金。因此，对于现金问题应该一开始就做一个精细全面的预算；否则，企业会面临资金链断裂、成本加大、其他经营环节受牵连甚至破产的险境。做好财务预算，最佳方式就是编制现金预算表。

首先要预计各季度的现金流入。企业的现金收入来源主要是销售产品，除此以外还包括出售厂房和生产线收到的现金等。在沙盘模拟经营中，销售产品一般形成应收账款，会在以后的某个季度转变为现金。企业可以根据产品下线情况，结合订单，确定每个季度的产品的销售收入和对应的账期，从而确定每个季度有多少应收账款到期，收到多少现金。其次，预计各季度的现金流出。第一，明确各期应支付的固定费用。在沙盘模拟经营中，固定费用包括广告费、管理费、设备维护费、厂房租金等。这些费用基本上在年初就能确定下来。第二，根据产品开发或生产线投资规划，确定各期产品开发或生产线投资的现金流出。企业的产品开发或生产线投资规划草案可以在编制现金预算表之前确定，也可以在编制现金预算表的同时制定。如果事先已编制了产品开发或生产线投资预案，则应该通过测算使该产品开发或生产线投资规划在现金允许的范围内进行，否则就可能出现现金断流的危险。所以，企业在进行产品开发或生产线投资后，如果出现现金危机，而且这种危机不能通过其他融资途径来解决，或者虽然通过其他途径来解决，但带来的风险很大，这种情况下，就应该暂时停止该产品开发或对该生产线的投资。第三，制订生产计划及采购计划，确定企业应投入的产品加工费。在每一年年末，企业已经基本确定了第二年产品的生产情况，包括产品品种、数量和时间，企业可以根据这些资料明确各期发生的加工费用支出。

在确定了每个季度资金流入和资金流出情况以后，就可以确定每个季度的资金短缺或盈余。如果资金短缺，就应该考虑如何筹集资金以解决资金缺口。

5.2.2　融资策略

融资策略不仅直接关系到企业的财务费用，更重要的是直接影响着企业的资金流。企业能否获得稳定的资金来源，及时筹集到生产经营所需要的资金，对经营和发展都是至关重要的。在沙盘模拟经营中，最主要的两种融资方式是银行贷款和应收款贴现。

一、银行贷款

我们经常看到很多学生没有合理安排好长短期贷款的融资策略，结果要么就是被高额的财务费用削减了大部分的利润，要么就是因为还不起到期的贷款而导致现金断流、企业破产。在分析融资策略之前，我们要明确一点：贷款的目的就是赚钱。通俗地说就是利用贷款所赚的钱要比贷款利息高。在这种前提下，贷款越多就意味着赚取的利润越多；反之，如果赚的钱还不够支付贷款利息，那么贷款越多就亏得越多。这就是企业的财务杠杆效应。

那么，怎样的贷款融资策略才是合理的呢？一般来说，企业整体战略和精准的财务预算，是决定长短期贷款配比的最重要因素。长期贷款用来做长期投资，比如新建厂房和生产线、研发投资市场产品等；短期贷款用来做短期周转，比如原材料采购、产品加工费用等。总之，企业只要合理调节好长短期贷款比例，把每一分钱都投到最需要的地方，让它变成盈利的工具，就可以让借来的钱为企业服务，创造出更多的利润。

二、应收款贴现

关于应收款贴现，很多人认为是增加财务费用的罪魁祸首，只有在资金周转不顺畅的时候才会无奈地选择它，因此对贴现都是能不贴就不贴的态度。但真的如此吗？其实未必。与长短期贷款相似，贴现只是一种融资方式。贴现可以分两种情况：一种是在现金流遇到困难时，迫不得已去将应收款或厂房做贴现处理，如果不贴现，资金断流，属于被动贴现；另一种是主动贴现，如果在市场宽松、资金不足的情况下，主动贴现以换取宝贵的资金用于投入生产线的建设和产品的研发，从而达到迅速占领市场、扩大企业产能和市场份额的目的。

在被动贴现的情况下，企业一直处于以贴还债的境地，即这个季度的现金不够了，就要将下个季度的应收款贴现，虽然这个季度过去了，可是下个季度又会出现财务危机需要再次贴现，从而陷入"连环贴现"的怪圈之中。主动贴现则不同，企业往往是利用贴现来扩大企业生产规模和市场份额，追求效益最大化。贴息和利息都属于财务费用，从财务角度来看，只要其创造出比财务费用更高的利润，就是有价值的。

5.2.3 财务费用最小化

财务费用在整个综合费用中所占比重非常大，发生财务费用将直接导致企业所有者权益减少，如此看来有效控制财务费用就显得尤为重要。财务费用包括贷款利息和贴现费用两方面的内容，要降低财务费用就得从这两方面着手。控制财务费用的主要方法有：做好财务预算；合理配比长期贷款与短期贷款，多用短期贷款；调整企业的交货时期，争取少贴现。要使得财务费用最小化，主要应关注以下两个方面：

一、筹资方式的选择

不同的筹资方式产生不同的筹资成本，长期贷款、短期贷款以及财务贴现的费用是不相同的，在模拟经营中应当根据具体情况尽量选择成本低的筹资方式。

二、财务预算的准确性

如果财务总监能够有效地进行年度现金收支的预算，那么企业在本年度内面临的现金缺口将会一目了然，进而筹资方式的选择也就比较准确，从而避免了因突然出现现金缺口而产生不必要的财务费用。

5.3　市场板块

企业的生存和发展离不开市场这个大环境，要适应瞬息万变的市场，就需要把握住市场走向，进行市场预测和市场调查。市场预测是企业战略制定和实施的重要前提；而市场调查则是要调查客户需求、竞争对手的生产能力、投资组合、资本结构等，以最大限度地利用资源。例如在广告投入方面，可以发现本企业与竞争对手在策略上的差距，再根据自己的实际情况制定新的可取胜的策略。同时，也要注意从宏观上把握市场领导者优势，利用这一无形资产更好地提高市场占有率，为企业获取更多的利润。

5.3.1　占领市场

在模拟经营中，市场领导者是指该市场上一年度所有产品总销售额最多的企业，被称为"市场老大"。可以肯定地说，市场领导者地位非常重要，处于该地位有以下优势：

市场领导者可以节约广告费用。由于"市场老大"优先选单，用少量的广告就能获得更大的销售额；市场领导者可以保证实现一定的销售，有机会优先选到最合适的订单。

争夺市场领导者地位远比保住市场领导者地位要困难得多，因此市场领导者的地位一般能够持续，其优势自然也能得以持续。

争夺市场领导者地位可以通过两种方式：一种是通过多打广告从而优先选单，企业可以选择销售额比较大的订单，从而实现市场领导者的地位。当然，不是广告多就一定能成为"市场老大"，在抢占市场领导者地位时，不能只用"蛮劲"猛砸广告，还要更多地考虑利用"巧劲"，依靠合理的产品组合智取市场领导者地位。另一种是将开发的新产品投放市场，抢占市场份额。每一家企业研发的产品和研发时间不尽相同，如果能先于其他企业研发出新产品并生产销售，那么很有可能市场上只有少数企业(甚至可能只有一家企业)生产此类产品，这种"率先"优势就更能够夺得市场领导者的地位。但是，所有策略都需要企业拥有足够的生产能力作为保证，也需要有精妙的广告策略。

"市场老大"是把双刃剑，用好了，威力无穷；用不好，则很有可能赔了夫人又折兵。因此，到底要不要抢"市场老大"，以多少广告费抢"市场老大"，以什么样的产品组合抢"市场老大"，这些都是需要经过严密的计算然后再做博弈。

5.3.2　广告投放策略

广告怎么投，该投多少广告费？这是沙盘模拟经营中必然会遇到的问题，很多学生希望得到一个"秘籍"从而保证广告投放的准确性。下面我们一起探讨广告投放的基本考虑要素，从而帮助大家更好地制定好广告投放策略。

一、分析自己企业的现金预算结构

对于长期借款比较多的企业，每年年初需要支付利息费用，加上上年支付过管理费、维修费等，在现金上对广告不会留出太多的预算。另外，当出现应收账款周转不及时、刚开始铺设生产线、有产品库存等情况时，是压缩广告投放规模，还是靠应收账款贴现继续实行轰炸式的广告投放策略，营销总监需要与财务总监、首席执行官进行沟通，对市场和对手进行再分析，最终确定策略。

对于短期借款较多或者长短贷结合的企业，年初的现金压力不是很大，因为这个压力已经分散到各个季度中去了。对于每个需要还短期借款的季度，现金都有要求，因此对订货会上的订单选择要求就高了，对应收款的管理要求也高了，营销总监和财务总监要多交流，在能还清当年第一季度短期借款的情况下，尽量要求多预算广告费用。

二、分析对手的风险偏好

在没有"市场老大"的情况下，前几年广告投放很多的队伍往往会后劲不足，这是对市场分析不深入造成的。从第三年开始，每一年的广告都很关键，这个时候就需要注意分析前几年广告投放比较好的队伍的广告投入产出比，投入产出比低的那些企业基本已经进入了恶性循环，在分析其现金后可以判断它们各自的风险偏好。

三、利用选单规则

广告费的投放还要考虑整体广告方案，吃透并利用规则：若在同一产品上有多家企业的广告投入相同，则按该市场上全部产品的广告投入量决定选单顺序；若市场的广告投入量也相同，则按上年订单销售额的排名决定选单顺序。如果在某一市场整体广告费偏高，或者前一年度销售额相对较高的情况下，可以适当优化部分产品的广告费用，从而达到整体最优的效果。

5.3.3　选单策略

选择有价值的订单，对企业来说有很重要的意义，营销总监不仅要有敏锐的洞察力和准确的判断力，把握住稍纵即逝的商机，更要和生产总监、财务总监保持良好的沟通，结合本企业的产能情况、市场定位、财务状况和产品差异等因素，果断、合理地做出选单的决策。

（1）在广告投放前，对市场预测做出详细分析，做到产品价格变化趋势、订单数量大小和分布情况已成竹在胸。哪个市场竞争激烈，订单质量好，应该集中资金拿下；哪些市场可以采用遍地开花策略，即多个市场投入少量广告费，"捡"到订单，都要心中有数。

（2）要了解企业的产能情况，依据产能大小接单，防止出现违约，一旦出现违约情况会被扣除违约金。同时，还要结合企业财务状况，争取用最低的广告费获取最大的利润，并能保证现金及时回流。

（3）选单时，不仅要关注订单里所含的信息，更要留意竞争对手，观察对手的选单情况，了解对手的产品构造、市场定位以及广告投放喜好，做到知己知彼，充分掌握竞争对手的信息。

（4）选单时，应该优先考虑的是交货期，交货期越长，企业越能有较多时间生产。其次考虑产品的数量、产品的单价和应收账款的账期。

总之，订单选取的好坏直接决定了一个企业的发展，企业的生存和发展离不开市场，谁赢得了市场，谁就赢得了竞争，取得了利润。

5.4　生产板块

企业的生产要与市场需求、企业发展战略一致，产品的研发和产品组合应与市场需求和企业整体发展战略相匹配。生产总监按照企业的发展战略规划确定投资产能大、效率高的生产线，同时，生产线的建成也要与产品研发同步。生产总监要和营销总监、财务总监进行深度沟通，结合市场、财务、原材料等综合情况，做好下一年的产能和费用计划。

5.4.1　产品组合策略

经营企业最重要的一个环节就是企业的经营战略。生产什么？如何选择？怎么才能获取最高的利润？这是每个企业决策层需要考虑的问题。产品的选择有多种，需要企业分析并进行选择，如 P1 和 P2 产品组合、P2 和 P3 产品组合、纯 P2 产品、纯 P3 产品、纯 P4 产品、P2 和 P4 产品组合等。那么我们如何选择呢？

P1 和 P2 产品组合研发费用较低，能有效地控制综合费用，进而能够使企业的权益保持在一个较高的水平，这对于企业后期的发展非常有利。此种策略运用得当，第一年的所有者权益一般都在 40k~45k，第二年实现盈利后所有者权益会得到较大的涨幅。如果要迅速扩张，以产能来挤压竞争对手的生存空间，此策略无疑是一个不错的选择。使用该策略可以在前期创造较大的优势地位，但在后期很容易被对手所超越。

P2 和 P3 产品组合可以称为攻守兼备，企业可以在生产过程中获得产品的优势，P2 和 P3 产品在第三年、第四年的毛利可以达到 45k~50k/个，利润最大化。这个组合的优势在于全程保持较高的利润，处于一个有利的地位。但企业要想有一番大作为，还需要在后期扩张时多几条 P4 的生产线。

P2、P3 产品都是一个低成本、高利润的产品，单独去生产也是不二的选择。而 P4 产品优势也是很明显的，每卖出一个产品能获得比别人多 10k 以上的利润，一条生产线可以多 40k，四条生产线就可以多 160k，但是纯 P4 产品前期投入较大，影响所有者权益，选择纯 P4 产品是一个险招，所谓不成功则成仁，大概也就是这样了。

P2 和 P4 产品组合，可以视为保守的策略，前期在 P4 产品订单数不足时可以将一定的产能分散到 P2 产品的市场，保证了第二年的盈利，此外 P2 和 P4 产品的搭配对于夺得市场老大也是很有优势的，不过前期的研发费用相对来说偏高，生产这两种产品的成本也相对较高，资金转速度太慢，需要较高的控制水平。

5.4.2　计算产品数量

正确计算企业的产能，是企业参加订货会取得可接订单量的基础数据。为了准确计算产能，必须要了解不同类型生产线的生产周期、年初在制品状态以及原材料订购情况，计算本年能够完工产品的数量。那么，应该如何安排企业的生产，以达到最佳的效果呢？这是困扰生产总监的一个难题，主要从以下几个方面考虑：

企业的生产应该从市场的需求出发，从企业的发展战略出发；

应该多安排生产市场需求量大、利润高的产品；

应该按照财务的要求满足其对产品交货时期的要求，以及应收账款收回账期调节的需要，从而控制财务费用；

在安排产品库存时，应多考虑生产直接成本较低的产品。

5.4.3　生产线分析

一、如何选择生产线？

生产线并不是越多越好，生产线的多少最好使企业的产能与市场的需求相匹配，达到企业销售的需要。多建生产线不仅需要多投资，同时还有可能造成产品积压，使得企业的资金流动性减弱，给财务运营带来极大的困难。但是少建生产线又不能满足市场的需求，也不能为企业实现更多的利润。这就需要企业高层综合考虑各种因素，从而做出最优化的决策。

二、需要配置柔性生产线吗？

柔性生产线具有灵活性，能根据订单需求实现随时转产，满足供货的需要，以免违约，所以需要适量地配置柔性生产线。

三、如何考虑生产线的性价比？

手工生产线购置费用低，无维修费，无转产周期和转产费用，在企业初始资金较少、相对拥挤的市场环境下有一定的优势。但随着时间的推移，可以开拓的市场越来越多，企业的厂房是有数量上限的。手工线生产效率低下、分值低的劣势在经营后期会显现出来。因此，企业需要考虑继续对生产线投资或转产的问题。

柔性生产线和自动生产线相较而言，柔性线的优势在于转产。假设自动线转产一次，需要停产一个周期，同时支付转产费。由于柔性线安装周期比自动线多一个周期，因此，自动线停产一个周期与柔性线相当于基本持平。如果自动线开始第二次转产，又需要停产一个周期和转产费，那么很显然，柔性线比自动线多生产出一个产品，自然更具优势。

5.5　采购板块

采购是企业生产的重要部分，企业的原材料采购涉及两个环节，即签订采购合同和按合同收原材料。签订采购合同一定要注意提前期，采购总监应科学管理企业采购活动的执行过程，分析各种物资供应的时间点，采购合适的品种和数量，为企业的生产做好后勤保障。

5.5.1　库存管理

关于原材料的采购数量的计算是沙盘模拟经营的核心内容之一，也是影响一个企业资金周转率的重要因素。零库存管理能够为企业减少大量的资金占用，提高资金利用率。

企业要实现零库存管理，就需要采购总监和生产总监、营销总监默契的配合。ERP沙盘模拟的原则之一就是"需求决定生产，生产决定采购"，根据营销总监选到的销售订单，

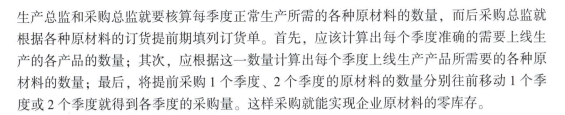

生产总监和采购总监就要核算每季度正常生产所需的各种原材料的数量，而后采购总监就根据各种原材料的订货提前期填列订货单。首先，应该计算出每个季度准确的需要上线生产的各产品的数量；其次，应根据这一数量计算出每个季度上线生产产品所需要的各种原材料的数量；最后，将提前采购 1 个季度、2 个季度的原材料的数量分别往前移动 1 个季度或 2 个季度就得到各季度的采购量。这样采购就能实现企业原材料的零库存。

5.5.2 百变库存管理

企业在经营过程中实现零库存管理，说明企业已经熟练掌握了生产过程的技能。但是零库存管理是基于将来产品产出不变的情况下所做的安排，而实际经营中，企业需要经常利用柔性生产线转产调整生产计划以适应市场需求。做好原材料的灵活采购计划，是保证后期机动调整产能、灵活选取订单的基础，同时需要兼顾资金周转率。只有这样才能发挥出柔性生产线最大的价值，这也是采购总监的使命所在。

5.5.3 紧急采购

紧急采购规则相对不被重视，甚至很多企业都忽略了它的存在，认为一旦涉及紧急采购就是亏本的买卖。事实上，恰恰是这么一个不起眼的规则，在市场选单的过程中可以发挥"出奇制胜"的效果。如用紧急采购的产品来交货，但是企业在经营过程中要注意，用紧急采购的产品来交货并不是完全没有副作用的，即使在成本上没有亏损，也会导致把现金变成了应收款。因此，在使用该方法时要先做好预算，保证现金流顺畅，使得企业正常有序发展。

5.6 团队管理

在创业这条道路上，团队是成败的关键。团队建设并不是一件简单的事情，它需要每个成员之间建立一种默契的关系，团队需要良好的沟通和配合。其中团队 CEO 是一个非常重要的角色，作为领导者，在公司经营的过程中起着决策、协调和激励的作用，带领团队朝着共同的目标前进。

5.6.1 创造良好氛围

良好的氛围对于一个团队来说就好比肥沃的土壤对于大树的作用，团结和谐、共同商议决策、充满激情的团队是取得胜利的必要条件。要创造并维护团队的良好氛围，需要成员间及时沟通，各司其职，最大程度地发挥出每个成员的智能。队伍组建后，每位成员就应迅速融入组织，积极与队友交流，交流内容不仅限于经营心得，还应该包括各种感想。充分的沟通是消除隔阂、促进理解、巩固友谊的有效手段。

5.6.2 领导力是一门艺术

领导力的来源有三：第一，职位权力，在其位，司其职，谋其政；第二，能力权力，

（权威）由领导者自身的业务或学术能力决定；第三，道德权力（体恤下属），来自领导者对下属的关心爱护。一般来说，好的领导靠的不是他的职位权力，因为这种权力主要依靠其所处的职位，仅仅有这种权力只会让下属口服而心不服。好的领导一般都会有较强的业务或学术能力，由此而来的能力权力在组织中起到模范表率的作用，从而使下属佩服。领导最重要也是最有效的领导力来源是道德权力，充分体恤下属的好领导才能占领道德高地，令下属无不怀有感激之心。这时一声令下，下属必定赴汤蹈火、在所不辞。因此，修炼领导力，做一个好的领导者必然要了解员工的需要，使组织目标转化为个人目标，带领团队朝着共同的目标而奋斗。

5.6.3　正确面对困难

创业课程需要我们做到自主经营、自负盈亏、自我管理，团队成员应该要学会用积极的心态去面对每一个难题。尽管一组优秀的队员组成的智囊团配合默契、智计百出，但智者千虑，必有一失，企业经营的形势瞬息万变，稍有不慎，经营就会出现风险和问题。这些情况，企业高层在运营的过程中应当尽量避免，即便遭遇了这些问题也不能被其吓倒，更不能退缩不前甚至轻言放弃。在重大挫折面前，不自暴自弃，不互相抱怨，不互相推诿，团结一致，积极思考解决方法，是克服困难最重要的法宝。

第6章 经营成果的评价与分析

6.1 沙盘模拟实验成果的评价

沙盘模拟实验结束后,在评价各组实验成果时,不能仅采用利润指标进行评价。采用利润指标进行评价虽有一定的道理,但如果仅仅依赖利润指标来断定经营的成功与失败,显得不够全面、说服力不足。因为,毕竟一个利润指标不能完全体现企业未来的成长性和发展性。

沙盘模拟实验的"精髓"在于让学生深刻体验并理解企业运营中"产、供、销、人、财、物"之间的逻辑关系,从而延伸到对企业成长性、现金流安全性、资产投入与未来效益、局部运作与全局战略、团队成员之间合作等知识和理念的认识。若过度关注暂时性的利润,无疑会使沙盘模拟实验这一新型的教学模式陷于片面侧重短期盈利的境地。那么,应该如何比较公正地对沙盘模拟实验结果进行评价呢?利润肯定是一个关键因素,各组盈利的多与少是沙盘经营综合决策的客观结果。而综合考虑企业的未来发展应该是另一个关键因素。企业的固定资产(生产线、厂房等)、现金流状况(应收款、应付款、当前现金)、市场份额(总市场占有率、各个分市场占有率)、ISO认证、产品开发等因素均应当综合考虑。结合企业实际工作,本书将经营成果的评价框架总结为图6-1。

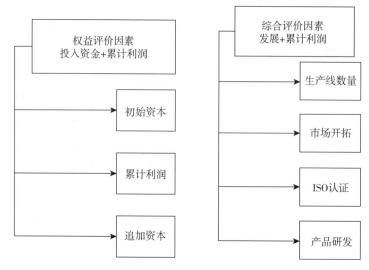

图 6-1　经营成果评价框架

6.1.1　权益评价因素分析

沙盘中各企业的权益结构很简单：

所有者权益＝股东资本＋利润

利润是利润留存（以前年度未分配利润）与当年净利润之和。当然，利润越大，意味着赚钱越多。

股东资本是企业经营之初所有股东的投入资金。但在实验当中，有些小组由于决策失误，导致资不抵债（权益为负）且现金流断流时，出于实验的延续性考虑，需要对其进行股东资本追加。此时该小组股东资本＝原始股东资本＋追加股东资本，追加了股东资本后，权益增大。此时如果还按照权益去计算积分，显然对于未追加资本的小组而言是很不公平的。

6.1.2　综合评价因素分析

对各小组的综合因素评价，是建立在假设以后年度继续经营的基础之上的。如果下年度需要继续经营，那么必然考虑企业未来的发展潜力，要综合评价企业已存在的各种有形资产与无形资产。

生产线数量决定了生产能力。生产线越多、越先进，企业未来的产能越大。市场开拓数量可以认为是一种投资回报。未来市场宽广，拿订单易于达到最大可销量，降低库存，而且可以更好地定位于价格高的市场，加快资金周转，降低广告费用，增强盈利能力。

ISO 认证可以认为是一种投资回报，未来有 ISO 认证需求的订单一般价格和应收款期限等条件都比较优惠，广告成本小，盈利能力强。

产品开发种类。可以认为产品开发是一种投资回报，产品市场选择宽广，拿订单易于达到最大可销量，降低库存，而且可以更好地定位于价格高、毛利大的产品，加大毛利率，降低广告费用分摊比例，增强盈利能力。

6.1.3 综合评价

根据上述评价框架以及各个影响因素的分析，对各模拟经营企业业绩最终评价将根据各小组的最后权益、生产能力、资源状态等按"总分=最终权×(1+A/100)"的计算公式综合评分。综合得分公式中的"A"，即如表 6-1 所示各项得分分数之和。

表 6-1 潜力分数表

项目	综合发展潜力系数	项目	综合发展潜力系数
半自动线	+5(条)	ISO14000	+15
自动线	+8(条)	P1 产品开发	+5
柔性线	+10(条)	P2 产品开发	+8
本地市场开发	+5	P3 产品开发	+10
区域市场开发	+5	P4 产品开发	+15
国内市场开发	+8	P5 产品开发	+15
亚洲市场开发	+10	大厂房	+10
国际市场开发	+10	中厂房	+8
ISO9000	+10	小厂房	+5

6.2 成本(费用)效益分析

沙盘模拟实验在评价各组实验成果时，可以进行综合的积分评价。这种评价虽然可以展现小组的整体经营业绩，但若经营不善，挖掘其主要原因时，如果仅仅依赖一个积分指标，就显得不够全面，说服力不足。

以企业经营利润为例，利润是各项费用成本分摊的综合结果，若不能透彻地剖析各项费用成本分摊的得失，进而量化地度量出每个流程环节的绩效并随时指导企业管理改进的方向，无疑会使沙盘模拟实验教学陷于"盲人摸象"的境地。那么，如何才能避免出现这种情况呢？运用成本效益分析方法，针对某项具体成本费用支出，运用一定的方法，计算出每种方案的成(费用)和收益，并依据一定的原则，选择出最优的决策方案，将是一个有效的途径。

所谓的成本(费用)效益分析就是将经营中可能发生的成本与效益归纳起来，利用数量分析方法来计算成本和效益的比值，从而判断某个方案是否可行的一种方法。成本(费用)效益分析的关键是计算各项费用的成本分摊评价指标，如图 6-2 所示。结合沙盘模拟实验的需要，对成本(费用)可以从以下两个方面进行分析。

6.2.1 成本(费用)的投资效益

成本(费用)投资效益的基本计算公式为：

费用效益=收益(销售额、产能、毛利等)+该项费用

这一指标反映的是单位费用投资(1k)带来的销售额是多少。比如，广告费用效益表示

1k 广告投资产生的销售额。效益越大，表示投资回报越大。

6.2.2　成本(费用)的成本分摊

成本(费用)成本分摊的基本计算公式为：费用成本分摊=该项费用÷收益(销售额、产能、毛利等)。

这一指标是上一个指标的倒数，其反映的是在单位销售额当中，该项费用所占的成本比率。比如，广告费用成本分摊比率为 0.23 时，说明在 1k 销售额当中，广告成本占23%，分摊越小，成本越低。

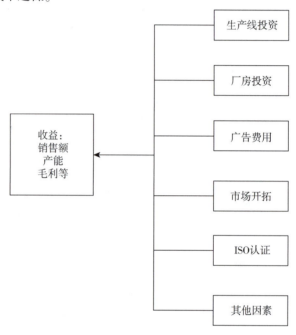

图 6-2　成本(费用)效益分析法框架

6.3　投资效益分析

如何进行投资？在沙盘实验之初，很多学生不清楚从哪些角度进行规划，常常陷于盲目、冲动的状态中，设备买了又卖掉，大量投入研发但中途资金断流造成搁置，从而形成"半吊子工程"等。从资金使用规划的角度出发，有几个必须考虑的要素：生产线投资、厂房投资、产品研发投资、广告投资、市场开拓与 ISO 认证投资。

6.3.1　生产线投资效益分析

生产线投资主要考虑投资回收期以及厂房占用等因素。

一、投资回收期分析

投资回收期就是使累计的经济效益等于最初的投资费用所需的时间。投资回收期的计算过程，综合反映了维修成本分摊、折旧成本分摊等因素。以生产 P2 产品为例，假设 P2

产品平均售价为 70k/个，资金成本按长期贷款利率 10% 计算，其他数据按运行规则规定，则各类型生产线投资回收期分析如表 6-2 所示。

表 6-2　生产线投资回收期分析

生产线类型	购置费/k	残值/k	维修费/(k·年$^{-1}$)	资金成本(8%)/k	年产出/个	平均单价/k	单位成本/k	毛利/k	回收期/年
手工线	35	5	5	2.8	1.33	70	35	46.55	0.77
半自动线	50	10	10	4	2	70	35	70	0.71
全自动线	150	30	20	12	4	70	35	140	1.11
柔性线	200	40	20	16	4	70	35	140	1.54

从表 6-2 的分析结果可以看出：

投资柔性生产线，资金回收期最长，虽然不受产品品种限制，但价格昂贵，绝对不宜多建。

半自动生产线投资回收期最短，在资金有限的情况下是比较好的选择。

手工生产线投资同收期也较短，但需要考虑是否能适应未来急剧膨胀的市场需求。

全自动生产线应当最为理想，但必须考虑转产时会限制竞单选择的因素。

二、厂房占用分析

从厂房占用角度分析，根据沙盘模拟实验规则，最多可以建 4 个厂房，最大生产线数量为 16 条。安装全自动生产线或柔性生产线最高可以达到 64 个/年的产能，安装半自动生产线最多达到 32 个，但厂房租金或资金成本是相同的。

经过分析之后，可以很清楚地得出结论，投资全自动生产线是最理想的选择，但企业必须准确地进行产品定位，避免频繁转产。

6.3.2　厂房投资效益分析

沙盘模拟实验过程中，许多小组认为买厂房不如租厂房。理由是如购买大厂房需要 440k，而租厂房的租金只有 44k/年，6 年的总租金也只有 264k。出现这一错误观点的原因是不清楚什么是资产或什么是费用，混淆了费用与资产。根据沙盘模拟实验规则，厂房是不提折旧的，购买厂房只是资产形态发生了改变，从货币资金转变成为固定资产而已，对于利润没有影响。即便厂房购买是使用长期贷款，440k 贷款每年利息只有 36k，6 年的财务费用是 216k，比租金还少。经过分析之后，可以很清楚地得出结论，充分融资购买厂房可以大大降低经营成本。

但要注意的是，购买厂房会导致现金占用，其他经营资金将减少，需要根据经营战略进一步考虑模拟经营企业的营业资金状况。

6.3.3　产品研发效益分析

在模拟沙盘实验中经常常出现许多小组早早地就研发完成 P2、P3 产品，甚至有的小组很快把 P4、P5 产品也研发完成了，但由于市场需求不足导致了研发资金的不合理占用。对于产品的研发投入，必须根据产品的市场需求合理安排。进行产品研发需要避免出现以下四种现象：

第一，产品研发战略不清晰，产品定位不准，要么过早投资研发造成不合理资金占用、要么投入过迟达不到盈利必需的销售量，结果造成研发成本过高。

第二，对主打产品思考不清晰，资源使用过于分散，受产能局限、产品生命周期等影响，造成每个产品的经营都形同"鸡肋"，研发成本过高。

第三，由于 P4 产品的生产需要 P1 作为原材料，P5 产品的生产需要 P2 作为原材料，所以，制定产品组合战略时务必考虑 P1、P4 或者 P2、P5 产品。

第四，P3 产品作为一个中端产品，可以采用单一产品策略，也可以与其他产品组合在一起。在沙盘模拟实验中，有单独采用 P3 产品战略的，也有采用 P1、P3、P4 或者 P2、P3、P5 产品组合战略的。前三年选择 P3 产品战略的较多，当然这需要根据竞争对手的情况进行调整。

6.3.4 广告费用效益分析

广告费用效益优劣的评价原则应当是用最小的广告投入，拿到价格适当、满足可销售量的销售订单。广告效益不好的原因大致可以从以下三个方面考虑：

一、市场定位不清晰

最简单的原因就是没有进入毛利大、数量大的市场，订单量不足，结果是销售额过小，造成相对广告成本过高。

二、产品定位不清晰

有限的生产能力没有定位在毛利大的产品上，低端产品过多造成广告成本过高。

三、对竞争对手分析不足

竞争对手的情况会影响自己的广告费用投入策略，缺乏理性的对策会造成优势订单流失，或者成为盲目的"标王"，导致广告成本过高。

6.3.5 市场开拓与 ISO 认证费用效益分析

市场开拓与 ISO 认证费用效益不好的分析思路大致与广告费用的情况相同。

6.3.6 财务费用效益分析

提高财务费用效益的思路应当是前瞻的融资规划、实时的资金链控制。财务费用效益不好的原因主要有以下两个：

一、融资策略失当

各种贷款中利息最低的是短期贷款。如果对资金链没有规划意识，过多地进行长期贷款，财务成本势必很高。

二、现金流控制失当

现金流诊断是沙盘模拟经营中判别计划可行性的唯一标准。如果缺乏现金流控制意识，未理解企业血脉的重要意义，特别是没有进行全年计划的可行性判断，在出现现金流危机时过多地使用贴现，会造成很大的财务成本。

6.3.7　行政管理费用效益分析

提升行政管理费用成本效益的思路是扩大销售规模。行政管理费用效益不佳的原因只有一个：销售额太低。因为各企业的行政管理费用是相同的，每年 40k，销售额高自然分摊比例小，一个企业"做大做强"的口号是有次序关系的。企业做大了，各项固定成本的分摊比例自然降低。

6.4　本量利分析

沙盘模拟经营中，在市场定位与产品定位等战略决策上，往往要分析究竟研发哪个产品，比如研发 P2 还是 P4；同时还要分析什么时间研发合适，是第二年还是第三年研发。但依据究竟是什么呢？对企业经营的影响是什么呢？如果仅仅以利润指标为依据进行评价就显得不够全面、说服力不足。许多沙盘模拟企业出现经营不善时，往往将原因归结为广告投资失误、订单太少、销售额太低或没有及时贷款等，往往忽略战略决策中的产品定位问题，而产品定位决策失误可能恰恰是经营失败的最关键因素。根据经营实践，进行各产品的本量利分析，是进行产品定位的一个重要方法。

6.4.1　本量利分析概述

一、本量利分析的定义

本量利分析是成本、业务量和利润三者依存关系分析的简称，它是指在对成本性质分析的基础上，运用数学模型和图形，对成本、利润、业务量与单价等因素之间的依存关系进行具体的分析，研究其变动的规律性，以便为企业进行经营决策和目标控制提供有效信息的一种方法。

本量利分析，以成本和数量的关系研究为基础，通常被称为成本性态研究。所谓成本性态，是指成本总额对业务量的依存关系。业务量是指企业的生产经营活动水平的标志量。它可以是产出量，也可以是投入量；可以是实物度量、时间度量，也可以是货币度量。当业务量变化后，各项成本有不同的性态，大体上可以分为三种：固定成本、变动成本和混合成本。固定成本是不受业务量影响的成本；变动成本是随业务量增长而正比例增长的成本；混合成本介于固定成本和变动成本之间，可以将其分解为固定成本和变动成本两个部分。

二、本量利分析的前提条件

在现实经济生活中，成本、销售数量、价格和利润之间的关系非常复杂，例如：成本与业务量之间可能呈线性关系，也可能呈非线性关系；销售收入与销售量之间也不一定是线性关系，因为售价可能发生变动。为了建立本量利分析理论，必须对上述复杂的关系做一些基本假设。

(一)相关范围和线性关系假设

由于本量利分析是在成本性态分析的基础上发展起来的，所以成本性态分析的基本假设也就成为本量利分析的基本假设，也就是在相关范围内，固定成本总额保持不变，变动成本总额随业务量变化成正比例变化。前者用数学模型表示就是 $y=a$，后者用数学模型表示就是 $y=bx$，所以，总成本与业务量呈线性关系，即 $y=a+bx$。相应地，假设售价也在相关范围内保将不变，这样，销售收入与销售量之间也呈线性关系，用数学模型表示就是以售价为降率的直线：$y=px$（p 为销售单价）。这样，在相关范围内，成本与销售收入均分别表现为直线。

（二）品种结构稳定假设

这种假设是指在一个生产和销售多种产品的企业里，每种产品的销售收入占总销售收入的比重不会发生变化。但在现实经济生活中，企业很难始终按照一个固定的品种结构销售产品，如果销售产品的品种结构发生较大变动，必然导致利润与原来品种结构不变的假设下预计的利润有很大差别。而有了这种假定，就可以使企业管理人员关注价格、成本和业务量对营业利润的影响。

（三）产销平衡假设

产销平衡是企业生产出来的产品总是可以销售出去，能够实现生产量等于销售量。在这一假设下，本量利分析中的"量"就是指销售量而不是生产量。进一步说，在销售价格不变时，这个量就是指销售收入。但在实际经济生活中，可能生产量不等于销售量，这时产量因素就会对本期利润产生影响。

正因为本量利分析建立在上述假设基础上，所以一般只适用于短期分析。在实际工作中应用本量利分析原理时，必须从动态的角度分析企业生产经营条件、销售价格、品种结构和产销平衡等因素的实际变动情况，调整分析结论。

三、相关计算公式

利润＝销售收入－总成本＝单价×销量－变动成本－固定成本

＝单价×销量－单位变动成本×销量－固定成本

上述公式是明确表达本量利之间数量关系的基本公式，它含有 5 个相互联系的变量，给定其中 4 个，便可求出另一个变量的值。

边际贡献＝销售收入－变动成本

单位边际贡献＝单价－单位变动成本

边际贡献率＝边际贡献/销售收入×100%＝（单位边际贡献×销售）/

（单价×销量）×100%＝单位边际贡献/单价×100%

当涉及多个产品时，则可以使用加权平均边际贡献率进行计算。盈亏临界点是指企业收入和成本相等的经营状态，即边际贡献等于固定成本时，企业所处的既不盈利也不亏损的状态。

盈亏临界点销售量＝固定成本/（单价－单位变动成本）＝固定成本/单位边际贡献

盈亏临界点销售额＝固定成本/边际贡献率

盈亏临界点作业率＝盈亏临界点销售量/正常销售量×100%

安全边际是指正常销售额超过盈亏临界点销售额的差额，它表明销售额下降多少企业仍不致亏损；安全边际率是指安全边际与正常销售额（或当年实际订货额）的比值。

安全边际＝正常销售额－盈亏临界点销售额

安全边际率＝安全边际/正常销售额（实际订货额）×100%

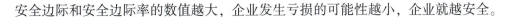

安全边际和安全边际率的数值越大，企业发生亏损的可能性越小，企业就越安全。

6.4.2　本量利分析在沙盘模拟实验中的应用价值

本量利分析在 ERP 沙盘模拟实验中具有较强的实用价值，各小组在进行模拟企业经营时，往往凭主观臆断做出经营决策，没有结合系统所给出的市场预测资料和企业目前的资产状况进行指标分析，从而导致企业经营陷入被动的局面。例如：在进行广告投入时，不能确定所能给出的最大广告投入量；在广告投入计划实现利润后，却不清楚各个细分市场获得订单的数量。而借助于本量利分析工具，对数据做出分析后，将可以获得这些信息。

例：假设某组在经营的 3 个厂房拥有 5 条生产线，其中有 3 条全自动生产线（在第二年建设完工）、2 条半自动生产线（在第一年建设完工）。相关费用为：管理费 10k，广告费 50k，生产线的设备维护费 80k，开拓市场费用 30k，P3 产品的研发费用 40k，利息费用 17k。另外 P1 产品的单位变动成本为 25k（1 个原料 R1、1 个原料 R3 和 5k 的加工费用），平均售价为 50k；P2 产品的单位变动成本为 35k（1 个原料 R2、1 个原料 R4 和 5k 的加工费用），平均售价为 70k；P3 产品的单位变动成本为 45k（1 个原料 R1、1 个原料 R3、1 个原料 R4 和 5k 的加工费用），平均售价为 95k；P4 产品的单位变动成本为 60k（1 个原料 P1、1 个原料 R1、1 个原料 R3 和 10k 的加工费用），平均售价为 130k；P5 产品的单位变动成本为 70k（1 个原料 P2、1 个原料 R1、1 个原料 R4 和 10k 的加工费用），平均售价为 150k。

对此，如何进行本量利的分析呢？从提供的资料来看，本量利分析所需要的销售收入和变动成本的数据都是很具体的，关键是如何确定分析所需要的固定成本数据。该案例的固定成本包括三个部分：固定产品成本、固定销售费用和固定管理费用。固定产品成本由生产线的折旧进行归集，固定销售费用则由综合管理费用明细表中的广告费和市场准入开拓费两项组成，除这两项之外的综合管理费用则组成了固定管理费用的数据。计算分析如下：

单位边际贡献：

$$P1 = 50 - 25 = 25（k）$$
$$P2 = 70 - 35 = 35（k）$$
$$P3 = 95 - 45 = 50（k）$$
$$P4 = 130 - 60 = 70（k）$$
$$P5 = 150 - 70 = 80（k）$$

固定产品成本 = 全自动生产线折旧额 + 半自动生产线折旧额 = 30×3 + 10×2 = 110（k）

固定销售费用 = 广告费 + 市场开拓费 = 50 + 30 = 80（k）

固定管理费用 = 管理费 + 维修费 + 产品研发费 + 利息 = 40 + 80 + 40 + 17 = 177（k）

单种产品盈亏点销量：

$$P1 = （110 + 80 + 177）/25 = 15（个）（向上取整）$$
$$P2 = （110 + 80 + 177）/35 = 11（个）$$
$$P3 = （110 + 80 + 177）/50 = 8（个）$$
$$P4 = （110 + 80 + 177）/70 = 6（个）$$
$$P5 = （110 + 80 + 177）/80 = 5（个）$$

单种产品盈亏点作业率：

$$P1 = 15/16 = 93.75\%$$
$$P2 = 11/16 = 68.75\%$$
$$P3 = 8/16 = 50\%$$
$$P4 = 6/16 = 37.5\%$$
$$P5 = 5/16 = 31.25\%$$

从单位产品的盈亏分析可以看出，由于 P1 产品盈利能力较弱，所以需要盈亏点销量较大，这就要求有加大的市场容量。但根据市场预测分析，除国际市场外，P1 产品市场需求在逐年下降。同时，由于产品盈亏点销量占当期最大产能的 93.75%，未来保持盈利增长的空间有限。

P4 和 P5 两种产品盈利能力较强，但 P5 产品研发周期长，投入市场较晚，显然不能作为前期的主打产品。P3 产品是第二年到第五年市场的主导产品，应当尽早投入研发并及时进入市场。但 P3 产品的经营需要对竞争对手进行深入分析，如果 5~6 个组都在经营 P3 产品，按照预测的市场总订单需求计算，这个产品要赚钱是很困难的，因为经营 P3 产品的各组年平均获得订单数量很难通过 6 个。如此激烈竞争的广告费用将导致固定成本大大增加。

P5 产品盈利能力相对较强，市场需求量前期较小，因此是否研发需要分析竞争对手的情况。一般来看，后期竞争对手都经营 P5 品时，要想盈利将非常困难。

创业启航

第7章 商业计划书概述

🎯 **本章学习目标**

> 1. 理解商业计划书的概念及使用目的。
> 2. 掌握商业计划书编制要点。
> 3. 掌握思维导图绘制梳理商业逻辑。
> 4. 掌握市场数据调研方法。
> 5. 理解商业策划的编写技巧。
> 6. 设立远大愿景，符合国家战略发展方向。
> 7. 创业者必须心怀社会责任，方可得到市场青睐。

大佬周鸿祎眼中的 BP 玩法

什么样的商业计划书（BP）才能称为优秀的商业计划书？360 的 CEO 周鸿祎曾在内部分享过如何打造一份完美计划书的案例：

"第一，用几句话清楚说明你发现目前市场中存在一个什么空白点，或者存在一个什么问题，以及这个问题有多严重，几句话就够了。"

投资人为什么要创办一个企业，一定是因为发现当下在市场中还有一个问题没有解决或者别人解决得不够完美。很多人洋洋洒洒写了好几百页，再抄上一些报告。投资人天天看商业计划书，你不怕和别人抄重了吗？VC（风险投资人）们都很聪明，并且对市场行情有足够的了解，不要向他们论证市场有多大，直截了当地告诉他们目前市场里到底存在什么问题。

"第二，你有什么？"

在发现问题之后你打算如何解决这一问题，优秀的投资人往往会站在客户的角度去思考问题，如果我是客户会不会选择你的产品，你解决的问题越具体、越实用，投资者越会觉得你的项目值得做一做。

"第三，你的产品将面对的用户群是哪些？一定要有一个用户群的划分。"

你的产品面向的是什么样的客户？是全国男女老少都用还是只给学生用？创业之初不要好高骛远，"骐骥一跃，不能十步；驽马十驾，功在不舍"，最开始找一个哪怕很小众的用户群精准定位，让人感觉你比较务实。也不要过于夸大自己的实力。

"第四，说明你的竞争力。"

为什么这件事情只有你能做，别人做不了吗？如果别人也能做，你比别人强在哪里？如果这件事谁都可以干，投资人为什么要投资给你？BP上要凸显自己的核心竞争力，关键不在于你的项目是大还是小，而在于你能干得比别人好。

"第五，再论证一下这个市场有多大，你认为这个市场的未来是怎么样的？"

创业者对自己所做的项目在未来市场有多大，可以做一个预估，让投资者知道企业准备进入一个多大的市场。

"第六，说明你将如何挣钱。"

如果真的不知道该如何挣钱，可以不说，你可以老实地说，现在我确实不知道这个该怎么挣钱，但是我这个产品中国1亿用户都会用，1亿人都会用的产品肯定有它的价值。不清楚如何挣钱没有关系，投资人比你更有经验，只要告诉他你的产品多有价值就可以了。

"第七，用简单的几句话告诉投资人，这个市场里有没有其他人在干，具体情况是怎样。"

创业者在撰写商业计划书时切记，不要说"我的想法前无古人后无来者"这样的话，投资人一听这种话就会对你产生怀疑。你的想法怎么就好到空前绝后了？要说实话、干实事，不要纸上谈兵，可以用具体的数据进行优劣分析。

"第八，突出自己的亮点。"

哪怕只在一点上你比别人干得特别好，那也是你独有的东西。是旁人没有的营销手段、推广模式，还是先进技术？这个也是需要在商业计划书中表达的重点，可以花一到两页来谈一谈你的产品有什么独特之处，说明你的亮点在哪里。

"第九，倒数第二张纸做财务分析，可以简单一些。"

你准备大概从投资人这里拿多少钱，在未来一年打算用这些钱做什么事？给投资人列出几个关键点，修电脑、买盒饭这种鸡毛蒜皮的小事毋庸赘述。投资者通过这些事情可以看出创业者的思维能力。

"第十，最后，如果别人还愿意听下去，介绍一下自己的团队，团队成员的优秀之处，以及自己做过什么。"

无论是时下风行的移动互联网企业还是传统公司，简单而有效的商业计划书都非常具有渗透力。如果以上这几点你都做到了，并且做得很好，先不论能否吸引到投资人，起码在商业大佬周鸿祎的眼中你的计划书已经是一份优秀的商业计划书了。

7.1　商业计划书概念

初创企业的创业者找投资人聊项目，如果对方有意向，他就会告诉创业者："能不能把你的BP发一份给我看看？"投资人口中的"BP"就是"Business Plan"的缩写，即"商业计划书"。商业计划书是关于初创企业商业构思和发展规划的一种阐述性文件。由于投资人与创业者面对面沟通需要花费双方大量的时间，商业计划书就可以针对这一问题，帮助投资人对初创企业进行"预了解、预沟通"，有效节省双方时间。因而，商业计划书可以说是融资过程中最佳的商业信息展示载体。

　　商业计划书起源于美国，是大多数营利性组织机构为了达到招商融资以及其他目标，并对自身进行全方位评估的书面材料。商业计划书包含了企业发展史、目前发展状况以及未来发展潜力等内容，让投资人等对象从中对企业进行初步的了解。随着商业计划书的不断演进，如今的商业计划书已经成为企业展示商业思维的最佳载体之一。

7.2　商业计划书编制要点

7.2.1　厘清编制思路

　　一份优秀的商业计划书将是初创企业成功开始的第一步。商业计划书不仅仅是为了融资，其首要作用是把计划中的项目推销给创业者自己的团队，这样才有机会将其推销给投资人。

　　商业计划书是初创企业厘清自己所有行动步骤的最好工具与语言，它是一份设计好的，旨在说服犹豫不决的投资人/合伙人向新生企业投资的文件；更重要的是，它还是创业者的创意和构思转变为现实的企业的详细路线图。

　　对于初创公司的创业者来说，商业计划书可以帮助其理顺商业模式与关键点。从外部的角度看自己的商业计划书更能有效地发现之前发现不了的问题，同时也能开阔思路，获得更多新的更好的想法。同时，商业计划书是初创企业对自己进行再认识的一个过程。创业者在头脑里谋划了一个非常有潜力的项目，但不够清楚明确。而通过编写商业计划书，创业者可以把所有的想法都写下来，然后再一条一条地推敲、修改，从而让自己对这一项目获得清晰的认识。

　　企业通过商业计划书厘清思路，必须避开商业计划书中常常出现的七个普遍性问题（见图 7-1），以此为基础，修订商业模式。

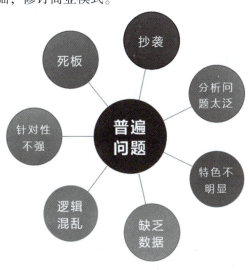

图 7-1　商业计划书中经常出现的七个问题

企业在发展的不同阶段，所需要考虑的关键内容也不一样。比如，企业在初创阶段，将会更加关心产品在市场的反应；在成长阶段，企业就会比较关心发展规模、盈利增长等；在成熟阶段，企业将会着重考虑如何巩固地位并在这一基础上拓宽市场等(见图7-2)。

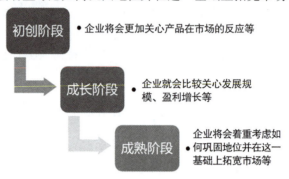

图7-2　企业的发展阶段

VC 即 Venture Capital(风险投资，也叫创业投资，简称风投)，是商业计划书所要面向的重要对象之一。大多数的投资机构或投资人对企业项目进行审评的首要依据就是商业计划书。对于苦苦寻求资金来源的创业企业而言，商业计划书就像是一份对投资商的书面承诺，其好坏是影响投资的重要因素之一。

投资商的投资是带有一定风险的，是一种非常严谨的行为，投资商通常都是在审阅了企业提交的商业计划书后，对企业的产品、管理制度、市场预测等基本情况了解后，认为符合自己的投资策略，具备投资的意向，想进一步了解企业的详细情况，才会与企业人员会面。因此，商业计划书是吸引融资的基础。

而企业提前撰写好商业计划书，就可以根据不同的发展阶段总结出发展的关键点，从而做出规划，像企业获得投资后将会把资金着重用于哪些项目等，都是企业通过商业计划书所要厘清的关键点。由此可见，商业计划书对于初创企业的发展来说起着不可或缺的重要作用。

7.2.2　梳理关键点

中外投资者均看中三点：势、事、人(见图7-3)。是否是大势所趋？市场需求是否大，商业模式是否合理？是否拥有一个经验丰富、执行能力强的团队？初创企业的商业计划书要告诉 VC 关于三个问题的答案。

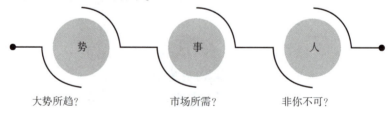

图7-3　商业计划书关键问题

一、市场环境

首先要符合国家政策和国际形势趋势。不论中美，碳中和和人工智能都是大势所趋，新能源技术在一段时间内都是值得投入的。在中国，凡与民争利(如电商的社区团购)、影响生产力(如虚拟货币——"挖矿")、增加人民负担(教培行业)等，短期看似盈利，长期一定会被调控。

二、生意如何

投资人通常都想知道企业的发展状况如何，这在一定程度上能够影响其日后的收益。市场地位一方面指的是企业在市场上的占有率，另一方面则是指企业的收入、利润率等财务指标以及企业未来的发展潜力。就商业模式而言，需要回答清楚：企业的商业模式在市场上是不是已经取得效果了？是否具备良好的延展性？市场的潜在规模有多大？潜在客户群在哪儿？

三、人怎样

企业管理团队的创业能力、团队的精神面貌、过去的成功经历则决定了企业的发展前景。企业的创始人或创业团队中最好有人在相关领域有过成功经验，如果没有经验，就要衡量一下创业者的经历和基本个人素质与才能。初创企业的合伙人和企业的顾问团队也是投资人要考察的重点内容之一。

接下来，要解决 VC 为什么要投资，从"势""事""人"中梳理出企业的核心竞争力，清楚阐述企业如何解决市场痛点或满足社会需求。

上面这三个问题是投资人快速筛查、决定投资项目的有效方法。如果初创企业的商业模式已经被验证、市场容量巨大、模式新颖有特色、市场占有率稳居第一、团队能力强并且没有不良记录，可能愁的是：手头上有一群想投的 VC，而你不知道该选择哪一家。

7.2.3　识别盲点

在梳理商业模式过程中，存在一些创业者自认为熟悉公司的业务，然而深究之下会发现他们的商业思维模糊，没有焦点，也没有一个足够清晰的故事线、产品线或清楚的公司发展前景，甚至创业团队中的每个成员对公司业务及愿景都有不一样的想法和理解。

创业者在写商业计划书的过程中，会对企业产品、销售市场、财务状况、管理团队等进行调查研究，可以发现其中的盲点，通过全盘梳理，补全并找到解决方案（见图 7-4）。

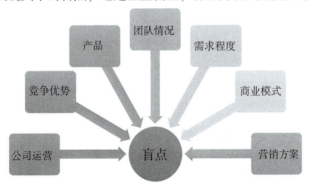

图 7-4　商业计划书中的表达盲点

创业者在商业计划书中需要着重阐述清楚产品、商业模式、团队情况、营销方案、公司运营、产品的竞争优势和市场对产品的需求程度。创业者在撰写商业计划书时可以使用思维导图，把每个章节主要内容的关键字先写下来，在内容无盲点的基础上，再进一步增强叙述与表达，及早发现问题，进行事先控制，早发现早解决，防微杜渐地去掉一些不可行的项目，进一步完善可行性强的项目，从而增大初创企业的创业成功率。Facebook 商业模式思维导图示例如图 7-5 所示。

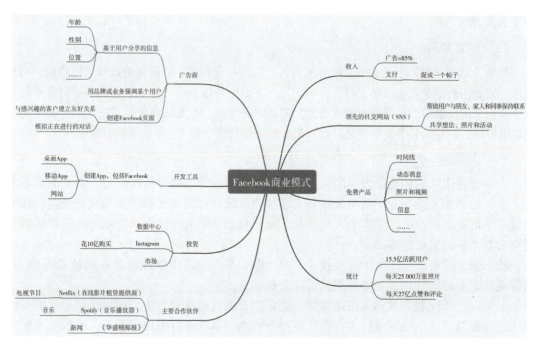

图 7-5　Facebook 商业模式思维导图示例

7.2.4　绘制思维导图

用思维导图构建商业计划书的整体思路，可以帮助创业者更加直观地了解都要写些什么，厘清思路、抓住关键点并识别盲点。一般情况下使用树状的父子层次结构来构建（如图 7-6 所示）。

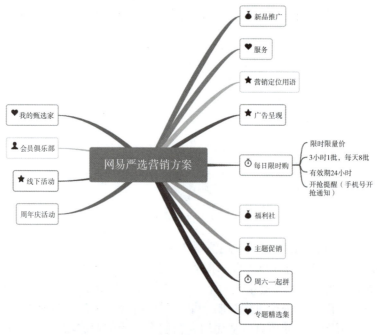

图 7-6　网易严选营销方案思维导图

常见思维导图 App 有 Xmind，MindMap，MindMaster。常见办公软件也会自带思维导图，如 WPS、金山文档、腾讯文档等。团队共创项目中，建议采用在线模式，共同编辑、集思广益、查漏补缺，同时对齐思想。

7.2.5　讲好"故事"

好的"故事"可以快速吸引别人关注你的项目，能从中了解你的创业起源、理想、目的和团队集结的过程等，从而产生兴趣，激发进一步了解的欲望。

一、饱满而流畅的商业故事

一个好故事的关键是故事主角在面对困苦后是否有所改变、有所成长，是否超越了以前的自己，是否更具有韧性了。好的商业故事是强大而有力的，具有一个伟大的愿景，阿里巴巴宏愿就是让天下没有难做的生意。

一个饱满而流畅的商业故事要具备下列内容（见图 7-7）：

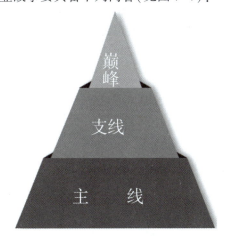

图 7-7　商业故事的内容

主线：你为什么想建立公司？是如何开始建立的？建立之后又发生了什么？你和你的管理团队是怎么走到一起的？股权是如何设计的？

支线：企业产品/服务对客户的好处或者解决的痛点。

巅峰——"高潮"：自己的竞争优势，有什么是只有你可以获得而其他人无法获得的资源。

通过故事的细节，展示故事中的英雄解决了什么样的问题；他的决定是否有助于实现他的目标。

二、讲好创业故事的四个技巧

创业故事一般分为两类：一是创造新的市场；二是解决现存市场的痛点。

阿里巴巴的创业故事几乎人尽皆知，从十八罗汉讲起，大家心怀梦想，想改变中国商业格局，创造出全新的做生意的手段。

怎样才能像马云一样讲好自己的创业故事呢？除了饱满流畅的故事内容外，讲好创业故事还要注意四个技巧（见图 7-8）。

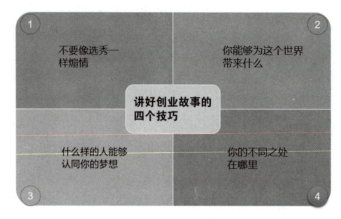

图 7-8　讲好创业故事的四个技巧

（一）不要像选秀一样煽情

风险投资不是选秀节目的海选，是一个理智选择的过程。投资人不是慈善家，不会因为你的悲惨经历而认同你的产品和理念，所以无须过度煽情，以平实的语言叙述创业过程即可。

（二）你能够为这个世界带来什么

创业者向投资人讲解项目的市场需求，将这种需求化作创业故事的主旨，不需要一再提及，但要处处围绕着需求来写，语言表达要简单朴实，无须文采斐然。

（三）什么样的人能够认同你的梦想

创业者在产品规划之初要明确产品的主要消费群。产品的客户应该处在故事的核心位置，因为有客户，产品才有存在的价值，产品是为服务客户而生的。客户才是故事中的真正主角，而不是你。

（四）你的不同之处在哪里

不是要你列举产品超高的技术门槛，而是要说明创始人专注的到底是什么。你所专注的事将会潜移默化地影响到企业文化、招募及防止人才流失的能力，影响创业团队开发的产品。

投资人真正需要的故事是你的企业如何为消费者服务，创造人们真正需要的东西，以及如何生产出有益于消费者的产品。投资人希望看到商业模式获得更高收入和更多利润的故事，创业者应该告知投资人你最近都做了什么。

好的商业故事必须立足于事实，投资人在投资初创企业时非常看重企业创始人和管理者的能力，要让投资人在字里行间感受到企业的创业者是诚实可信的，确实是可以带领企业做大做强、为投资公司取得利益的有志之士。

7.3　商业计划书编写技巧

投资公司每天会收到大量的商业计划书，投资者看每份商业计划书的时间也是有限的。那些不能给风险投资人以充分的信息也不能使投资人激动起来的商业计划书，最终的

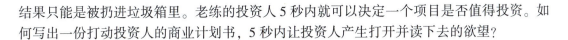

结果只能是被扔进垃圾箱里。老练的投资人5秒内就可以决定一个项目是否值得投资。如何写出一份打动投资人的商业计划书，5秒内让投资人产生打开并读下去的欲望？

7.3.1　展现细节

一、一巧妙布局：让投资人一眼看到最关心的

越是重要的内容越放到前面。商业计划书中最前面的是计划摘要，它是浓缩的精华，囊括了商业计划书的重要部分。为了突出重要内容，计划摘要的撰写可以遵循以下原则：

实事求是，业务介绍放在前面，明确你要干的是什么。

核心竞争力放在前面，说明为什么只能你来干。

分析企业优势在技术、团队还是市场地位，以数据和案例说话。

除此之外，在计划摘要中，创业者还要优先回答以下问题：

(1)公司所在的行业类型、业务管理的性质和范围。

(2)公司主要产品的用途。

(3)公司客户是什么消费群，需求是什么？

(4)谁是公司的合伙人和投资者？

(5)谁是公司的竞争对手？竞争对手将如何影响公司的发展？

二、巧用数据打动投资人

好的创业故事可以吸引投资人的注意力，但数据更能打动投资人的心。一是关键点都要搭配权威数据；二是要选择最具煽动性的数据表达方式。

(一)关键点都要搭配权威数据

创业者在撰写商业计划书的项目描述时，数据是支持企业项目创意的立足点。尤其是互联网行业，商业计划书要以简洁的方式介绍企业的创新和商业模式。项目的立足点(用户痛点)是什么及如何解决问题，产品的用户反馈如何，这是投资者审查项目的关键点。单纯的文字叙述很难让投资人看出项目的成功之处，但数据会让投资人信服。

建议创业者使用精益创业中最小可执行方案(MVP)的概念，通过平台流量和销售数据快速验证自己的想法。通过最小的资本投入和团队努力来实现项目模式的验证。这些初始数据的存储比产品的完整版本以及文字的花样描述更有用。但是如果创业者的项目仍然在计划阶段，缺乏数据的支撑，无法快速商业化的项目，如医疗硬件技术产品等方面，要尽可能利用权威数据为商业计划书做支撑。

(二)选择最具煽动性的数据表达方式

为了使数据的影响力发挥到最大化，创业者在商业计划书中要选择最具煽动性的数据表达方式。所谓煽动，不是鼓励投资人去做坏事，而是在商业计划书中用良好的数据思维和科学的数据分析技巧，得出具有可信度的商业数据，吸引投资人拿出钱来。

创业者的数据思维很重要，在进行项目的核心数据分析时可以采取以下两种分析思维：

一是结构化。创业者在分析数据时可以利用金字塔思维，将数据分类到各个方向进行分析，然后继续划分和细化类型，从各个方向全方位思考问题。结构化思维导图如图7-9所示。

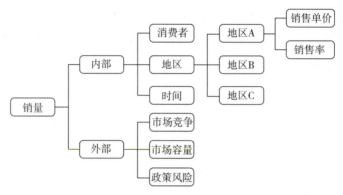

图7-9　结构化思维导图示例

二是公式化思维。基于结构化的分析结果，这些结论之间通常具有数量关系，可以执行+、−、×、÷的计算，并且可以量化这些分析结果，验证自己假设的结论。比如地区盈利能力，可以通过"产品单价×销售量×地区的数量"来计算展现。

7.3.2　内容完整

所谓完整，一是指商业计划书构成的九大要素要完整：概要、市场分析、公司简介、组织和管理、营销和销售管理、服务或产品线、融资需求、投资报酬与退出机制、附录一个都不能少。

二是指要全面真实地披露与投资有关的所有信息。法律规定，申请风险投资的企业必须将与企业业务有关的所有重要信息都用书面形式体现出来。如果企业披露得不完全，有些风险没有提前告知投资人，那么在投资失败后，投资人就有权利收回投资并起诉企业。

7.3.3　开门见山

撰写商业计划书时要避免一些与主题无关的内容，直接开门见山，在5秒内让投资人产生投资兴趣。投资人并非均为专业人士，阐述项目要讲"人话"，不要使用过于生僻的表达。

商业计划书要展现出两个不同的维度——既是初创企业创业者的思维逻辑能力、总结概述能力、对需求及问题的精练能力，同时也展现出初创企业未来的发展和愿景。

7.3.4　逐点审定修订

商业计划书呈现的内容一定要清晰有逻辑，按照前文制定的思维导图去填充内容。任何商业创意在得以实现之前必定会经过严格的评审程序，制作商业计划书就是在完成这一评审过程。

公司至少应该每年修改两次商业计划书，根据当前的经济状况订正商业计划书的前提和背景。领导者必须重新审视自己的商业计划，做出相应的修改。修改商业计划书可以从以下几个方面着手：

一、实事求是

不要在商业计划书中表现出一个一点瑕疵都没有的完美企业，最好不要隐藏自己的弱点而是要表现真相。

二、小处着眼

一个好的领导者不会拘泥于企业规模，而是从小处着眼，寻找消费者（即使是少数消费者）并将产品出售给消费者，脚踏实地地逐步完善企业组织、产品和服务。

三、及时回顾过去

创业者需要定时复盘企业发展，考虑产品是否仍然具有竞争力，思考企业内部和外部的发展制约、市场时机的变化等。

四、财务筹划

初创企业需要时刻专注于企业的现金流，做好基本盘，不能盲目扩张，里子重于面子。企业的财务计划应根据企业的发展进行修订，关注免税补贴等政策，灵活应用好政府为企业发展赋能的政策。

五、人员聘用

不论市场行情好坏，保持灵活高效的团队是非常重要的。除了关键岗位和管理岗位，尽可能采用外聘制度，减少层级，减少人员管理和用工成本，提高内部团队沟通的有效性。

第 8 章　商业计划书撰写规范

本章学习目标

1. 掌握商业计划书九要素。
2. 掌握市场分析方法及数据获取方式。
3. 掌握商业画布绘制方式。
4. 理解商业最小可执行产品 MVP 的应用。
5. 具备数据可视化能力。
6. 理解商业风险及退出机制。
7. 具备编制完整商业策划书的能力。
8. 具备诚实可信的职业素质，禁止商业造假。

商业计划书在撰写之前可以先用思维导图构建整体的思路大纲；然后将头脑中的商业构想细化；展开市场调查，调查同行业的竞争者，对企业财务进行分析，大概估量一下企业的价值；撰写并修改商业计划书，根据收集到的数据规划企业未来的发展战略；同时应根据数据的积累和市场变化动态完善整个计划。

8.1　商业计划书九要素

商业计划书可以帮助创业者对项目设想进行更加科学的分析与安排，让投资人更加明确地知道项目设想是否可以实现、企业能从这个项目获得多少回报、风险是否可控等。企业提交的商业计划书要经过风险投资机构严格的审查评估，因此，企业能否获得投资，还要看内容和格式过不过关。在本小节中，将详细介绍商业计划书应该具备的内容特点，以及如何及时吸引投资人的注意。

商业计划书九要素如图 8-1 所示。

图 8-1　商业计划书九要素

8.1.1　概要

商业计划书中的第一部分是概要，这也是初创企业整个商业计划书最重要的一部分。循名责实，概要部分实际上就是对整个商业计划书、企业基本情况的一个概述。虽然概要部分是商业计划书的开头，但通常情况下是留在最后完成的。因为只有当撰写者把商业计划书的其他部分都写好了以后，才可以更好地概括全文。

8.1.2　市场分析

市场分析包括行业领域和竞争对手两个维度。阐述清楚有无行业垄断、竞争者市场份额、主要竞争对手情况、潜在竞争对手情况以及产品的竞争优势。

一是叙述公司所处的行业领域是否为国家政策扶持方向，创业者要让投资人看到自己对市场的调查结果，有关的调查过程等细节可以作为附件放在商业计划书最后或者用于尽职调查的时候作证。

二是分析竞争对手的不足之处，例如，他们不能满足消费者的需求；他们的市场渗透力不强；他们有不良的工作记录；竞争对手的资源有限；对优秀人才的吸引力不强。一旦发现了竞争对手的不足之处，一定要继续发掘产生这种不足的根本原因，有则改之，无则加勉。

这两个维度一般通过五个部分展开论述，如图 8-2 所示。

图 8-2　市场分析的五个部分

8.1.3 公司简介

公司简介包括企业定位和发展历程。

围绕企业定位，需要说明企业的产品/服务、地理辐射面、理念及目标等。发展历程中要标注关键事件、发展现状(运营数据和财务数据支持)及未来发展规划。

此部分可以简述企业名称、logo 的意义及企业社会责任等，需心怀大格局。

8.1.4 组织和管理

组织和管理包括企业的组织结构、管理制度及劳动合同、人事计划、薪资福利方案以及股权的分配计划。

企业创业者或创业团队的能力以及过往成果是决定企业能否走向成功的重要因素。所以，必须在商业计划书中让投资人知道初创企业的灵魂人物及其创业背景，提供一份团队成员的个人简历。要强调团队中其他成员的能力是如何与创业者形成互补的，如果初创企业完全没有经验，就强调团队中的每个人有什么特长对公司成功有重要作用。

8.1.5 营销和销售管理

销售的过程就是创造客户的过程。一份完整的营销策略应该包括市场渗透策略、发展策略、销售渠道策略和沟通策略(见图 8-3)。

图 8-3 营销策略

制定营销战略包含三个要求，如表 8-1 所示。

表 8-1 制定营销战略的要求

营销策略	内容	目标	关键活动
选择价值	了解消费者的需求；选择目标对象；确定价值组合	制定具有竞争力的价值和定格定位(4P 模型)	系统地研究消费者；按关键特点将消费者细分；精心设计企业/产品对消费者的价值定位
提供价值	涉及产品设计、采购生产、销售、送货、定价等方向	通过有针对性的产品开发、销售和流通及定价来体现这一价值	管理销售队伍、分支机构；重点集中于优先性最高的活动；给整个产品组合定价以获取最大价值
宣传价值	包装、广告、促销/公关等	清楚地宣传这一价值	管理产品包装、广告活动和公关工作

8.1.6　服务或产品线

创业者要比较具体地描述项目产品或提供的服务类型，强调企业能够吸引潜在客户和现有客户的优势在哪里。如开设一家饭店，不要对 VC 说饭店里总共有多少道菜，而是要让 VC 了解到你的饭店为什么会有顾客愿意来，比如由于菜品特点、服务到位、上菜速度快等。

可以围绕以下问题进行阐述：

（1）描述技术及技术的持有情况。

（2）描述产品状况，包括产品的目录、特性、产品简介、产品的知识产权策略以及产品的研发阶段。

（3）产品的生产产业链，包括能源和原材料供应、企业的现有生产力、原有设备、需添置设备、产品质检、标准、成本以及产品的包装与储运。

8.1.7　融资需求

需要说明开始或扩展企业项目需要多少资金。这也是投资者比较关注的一个部分。融资需求中应该含有以下内容：

企业目前的融资需求、预计未来 5 年可能会出现的融资需求、资金要如何使用以及影响企业融资的财务策略。当创业者阐述融资需求时，一定要说明资金的数量、融资的持续时间、企业需要的资金类型、投资形式、偿还计划、股权成本以及投资者介入公司管理的程度。

8.1.8　投资报酬与退出机制

投资报酬与退出机制也是投资人非常看重的内容。项目存在风险才是正常的，如实陈述可能存在的风险及解决方案，投资人会评估风险与回报比例、核验解决方案的可实施性来确定是否投资。

我们常见的投资阶段有种子期、成长期和成熟期，不同阶段会有不同类型的投资者入场。天使投资一般在企业初创阶段投资，是风险投资的一种特殊形式，这个阶段是高收益与高风险并存阶段，通常天使投资在进入成长期后就会选择稀释手中股份或完全退出。而后就是常见的风险投资（VC），他们主要在成长期介入，投资的金额更大，风险相对于种子期更小。私募股权投资一般在成熟期进入，风险低，回报相对稳定，用大体量资金撬动高收益。

8.1.9　附录

商业计划书是一个海投的资料，创业者并不想让所有人都看到某些关键性数据和分析，但对于投资人而言又需要这部分资料作为决定是否投资的依据，而这部分内容就可以放在附录里。

通常商业计划书的附录中应该有财务分析报表，财务分析包括财务分析说明与财务数据预测。财务数据的预测应该有销售收入、成本明细、固定资产明细、企业的利润分配、财务指标分析等内容。

8.2 描述项目现状与业务背景

8.2.1 市场机遇

商业计划书中关于业务背景的介绍离不开对市场机遇的分析，调研行业一般采用PEST分析、波特五力模型、SWOT分析、SPACE矩阵、SCP分析模型等进行分析。其中有几点值得创业者注意：

一、政策支持方向

国家、国际政策都对行业的发展起到至关重要的作用。分析政策走向，符合所在地区的创业需求，如成都正在建设数字经济，相关项目落地成都，将会获得更多的政策扶持优势。

2021年我国发布《"十四五"规划和2035年远景目标纲要》，研读文件，了解国家政策，并关注重点建设项目，查看各省市配套政策和法规，将会极大助力项目腾飞。

二、产品的潜在市场

多大的市场才能对投资者有吸引力呢？假设投资人想要得到3倍的投资回报。如果一家企业从创立到上市需要1 000万人民币，公司上市后可以成功地获得50%的市场份额，那么这个市场本身需要有1 000×(50×3/50%)的可能容量，才能对投资人有足够的吸引力。而不要太大指的是这个市场的竞争者不要太多，最好在大多数人还没看到之前，就被独具慧眼的创业者发现了。人人皆知的庞大市场已经接近饱和，投资收益不会太多。投资人往往不会选择，这也是一个市场时机的问题。

三、企业的利润

企业利润增长最好是来自市场本身的增长，例如越来越严重的老龄化问题，随着老年人数量的增多，老年人市场本身也会不断增长。利润来源于市场的自身扩张，而不是抢夺竞争对手的收益。

四、企业发展规划

企业生命周期（见图8-4）包括启动、成长、成熟和衰退四个阶段，衰退期后有的企业经过改革进入再生期，有的企业则会彻底被市场淘汰。企业在不同阶段需要实行不同的策略。

同时企业是否有机会发展为市场中具有支配地位的龙头，也是投资者需要重点考量的项目。市场份额小的企业不具备市场控制

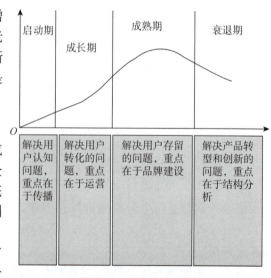

图8-4 企业生命周期

力和产品的定价能力，利润方面会大打折扣。没有支配地位的公司很难保持风险投资所要求的高回报率。

这部分让投资人了解到这样几件事：我的项目是大势所趋、市场空间足够大、市场需求也是真实存在的、项目有机会在市场中占据一定份额。基于这个目的，在撰写市场分析时应注意以下几点(见图8-5)：

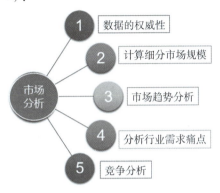

图 8-5　市场分析要点

(一)数据的权威性

创业者在做市场分析引用数据做支撑时，要选择权威的调查机构公开的数据，比如国家部委发布的数据或者知名的市场调研机构公布的数据。在数据的日期上尽量选择较新的，这样得出的结果更具真实性，且符合当下的市场行情。

(二)计算细分市场规模应充分考虑细分市场和大市场的关系

如果企业要做的是面向18~25岁的年轻女性的服装线上销售，那么商业计划书上体现的市场数据就不能是国内服装市场规模的数据，而是要细分到女装市场、年轻女性市场、线上渠道的销售规模大小。这些数据需要根据细分市场的规模占比，利用大数据自己计算出来。

(三)市场趋势分析

市场趋势的分析包括市场规模的发展趋势、市场格局、服务形式的变化。创业者可以引用权威分析机构的报告，或者运用自己的数据进行判断，预测目标市场未来几年的发展趋势。

如果市场本身是一个处于高速发展阶段的增量市场，企业更容易得到投资人的青睐。如果市场处于不断变化之中，就需要创业者证明自己的产品或服务模式迎合了这种变化趋势、抓住了时机。如果市场内部已经稳定下来并接近饱和，建议创业者不要加入这种市场的竞争。

(四)分析行业需求痛点

介绍产品就要指出产品是如何解决这些痛点的。提出问题不是关键，如何解决才是重点。

(五)竞争分析

这部分要描述清楚的是：企业的直接竞争对手都有谁？竞争对手现在发展得如何？与他们相比你有何优劣？有什么间接竞争对手和潜在竞争对手吗？这方面的分析结果最好用图表的方式列出来，比较清晰、明了、直观，除非是新型的商业模式或未曾有人涉足的新领域，竞争者不多，可以简单提及。同时应使用SWOT分析法对企业自身进行分析，做到知己知彼。

8.2.2 数据来源

市场分析应基于数据支撑，否则都只是空中楼阁，无法取信于投资人及市场。

一、自行采集数据

利用问卷(问卷星)或爬虫工具采集数据。问卷设计以目标客户的需求为切入点，进行数据搜集。建议以选择题为主，回答时长在10分钟内为宜，数据样本多样化。数据采集来源：微信指数、百度舆情、阿里大数据中心等。

二、行业报告

初创企业的行业分析可通过证券公司发布的行业分析、四大会计师事务所发布的行业研究等来分析。常见行业综合数据平台有头豹、艾媒、洞见研报、前瞻产业研究院、亿欧、阿里数据、发现报告等。

三、官方数据

常见官方数据来源为国家统计局、卫健委、国家/省市政府网站、历年的政府工作报告或年鉴等。切忌直接引用百度数据，应标注数据来源。

四、学术期刊

最新的商业模式、技术一般会在权威的期刊上发布，能有效地给予项目支持，特别是技术、医学类。学术期刊会给予技术极大的数据支持。

五、企业财报

财务数据是投资人了解企业运营是否健康的重要途径，它们能够提供有关企业盈利能力、现金流、负债状况和风险管理等方面的信息。通过分析这些数据，投资人可以评估企业的健康程度，预测其未来的表现，并做出更明智的投资决策。

六、运营数据

运营数据是投资人了解企业发展潜力的重要依据，通常包括销售数据、用户数据、固定资产数据、无形资产数据(如知识产权)及市场份额等，这些数据以可视化方式展示更佳。

8.2.3 业务介绍

公司业务背景就是介绍一下企业的发展历程，比如什么时候创办的，在不同的发展阶段有什么业务成就或企业内部大的变动。在商业计划书中介绍业务背景无须一年一年地按照时间顺序呈现出来，而是要详略得当，重点阐述产品或服务的创新点、产品针对的用户痛点，以及公司业务的市场机遇。

一、产品或服务的创新点

讲产品或服务的创新点之前，需要先明确：什么是产品？什么是创新？

产品，有实物产品、软件产品，还可以是一项服务，或者是一个解决问题的方案。在广义范围上，生产产品是为了满足用户的需求，只要是能满足用户需求的我们都可以将其称为产品。

创新，只要解决问题的方法足够有创意、有新意并经过实践检验确实可以成功解决问题的，都可以称为创新。可以是产品的创新、想法创新、体制的创新，也可以是创新的企业流程、创新的商业模式。创新的重点在于新，即从未有人用这样的方式来解决问题。

产品创新，首先体现在项目的点子上，即你的产品或服务在当前市场上是不是从未出现过；其次体现在行为方式，也就是做法上，即这个服务模式或领域是不是从来都没有人尝试过，你是第一个吃螃蟹的人，你是首创；最后体现在产品进入市场后的预期结果上，即你的产品是否取得了出乎意料的好成绩。

界定产品的创新点，通过几个关键词：跨界，整合；破坏性创新，颠覆性创新，微创新；蓝海，红海。站在不同的维度思考，对创新会有不同的解读。

二、常见的产品创新方式

（一）新思维的实践
例如产品定制化的出现。

（二）产品针对独特用户群
从踏实稳重、重责任的"70 后"，到热爱自由、追求自我的"80 后"，再到张扬个性的"90 后"，每一代人都有独具特色的标签。产品的针对性越强，对特定人群的吸引力就越大。

（三）挖掘潜在需求
在百舸争流的经济社会，客户的需求在不断变化，需要深入挖掘客户的深层次需要，满足用户潜在需求。

（四）产品针对市场空白
人类的需求是可以创造的，随着技术的发展也会不断浮现出来，如电动汽车、NFT（Non-Fungible Token，非同质化通证）。

（五）微创新
市场空白的发现需要机遇，新思维的实践需要绝妙的金点子。如果这些都没有，那么产品的创新还可以从微小的改变、渐进的优化入手，不断地改良产品，积累量变达到质变，成就高质量的用户体验，也可以当作产品或服务的创新点。

（六）颠覆性创新
有魄力地打破行业的既有规则，从而改变市场格局，将行业利益重新分配，在商业史上，这种颠覆性的创新常常被称为"搅局者"。比如，抖音直播对淘宝的阻击。

产品创新方式如图 8-6 所示。

企业常陷入顾客不埋单的情况。原因有二，一是伪需求，没有详细的市场调研；二是不是刚需，可替代性强，针对的是客户的"痒点"而不是痛点。产品应针对用户的痛点，杜绝伪需求。

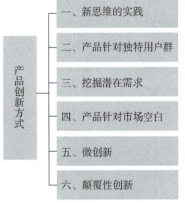

图 8-6　产品创新方式

8.3　商业画布

商业画布是指一种能够帮助企业催生创意、降低猜测、找对目标用户、合理解决问题的工具，可以将复杂的商业模式进行清晰的可视化操作。主要包含客户细分、价值主张、渠道通路、客户关系、收入来源、核心资源、关键业务、重要合作、成本结构九个模块。通过分析这九个模块，企业可以搭建自己的商业模式画布，客观审视自己的商业模式，规划未来的商业发展。商业模式通常如图8-7所示。

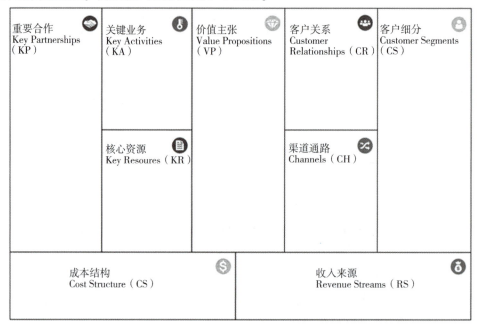

图8-7　商业模式画布

8.3.1　商业画布模块

通过商业画布的九个模块能较好地回答以下问题，就能在基础上梳理清楚商业模式，帮助企业建立有效的营销模式，也能避免前文提及的伪需求。

一、客户细分(Customer Segments)

产品的核心客户群，是通过解决问题为您创造价值的人群。
要问的问题：
(1)谁是我们最重要的现有和潜在客户？
(2)他们需要或想要什么？
(3)他们如何思考和感受？
(4)他们在做什么？

二、价值主张(Value Propositions)

产品能为核心用户提供的价值、能解决用户的哪些需求。

150

要问的问题：

(1)我们提供的服务有什么独特之处？

(2)为什么客户选择我们的解决方案而非其他产品代替方案？

三、渠道通路(Channels)

通过沟通、分销和销售渠道向客户传递价值主张。

要问的问题：

(1)我们如何/应该如何促销，交付和维护我们的产品和服务？

(2)哪些渠道最适合我们的每一个客户群？

(3)哪些渠道最具有成本效益？

四、客户关系(Customer Relationships)

在每一个客户细分市场建立和维护客户关系。

五、收入来源(Revenue Streams)

产品的盈利方式。

要问的问题：

(1)客户愿意支付哪些产品和服务？

(2)他们更喜欢付钱吗？

(3)每个收入来源对总体收入的贡献是多少？

六、核心资源(Key Resoures)

我信的竞争优势和其他产品进入门槛，如资金、人才、技术、渠道。

要问的问题：

(1)我们团队能否满足运营的要求？

(2)竞争对手有哪些？

(3)技术是否具备优势，能否解决市场痛点？

七、关键业务(Key Activities)

通过执行一些关键业务活动，运转商业模式。

要问的问题：

(1)哪些是我们的立身之本？

(2)推动我们工作的最重要措施是什么？

(3)我们怎么知道自己成功了？

八、重要合作(Key Partnerships)

商业链路上的伙伴，如产品方和渠道方。

九、成本结构(Cost Structure)

成本结构确定了对业务模型起作用至关重要的开支。考虑创造产品的投入资源、资金、人力成本等。

要问的问题：

(1)我们业务的主要成本驱动因素是什么？它们与我们的独特价值主张的收入和支付有何关联？

（2）成本是固定的还是可变的？

（3）成本如何随着我们的成长而扩大？

8.3.2 策略分析画布

策略分析画布如图 8-8 所示。

STP 战略理论是指市场细分（Segmenting）、选择目标市场（Targeting）、市场定位（Positioning）。

市场细分主要是根据市场中消费者的需求，然后根据自己企业的实际生产情况、经营理念和营销策略而做出的市场目标和轮廓。市场的需求群体不同，相对应的策略肯定有所不同。比如拼多多对市场消费者人群的定位与京东就是完全两个部分，拼多多更多注重的三、四线城市及以下的消费人群，因此它的产品与定价都会满足这部分人的需要。通过市场细分，可以探测出这部分消费者的购买力、饱和程度以及竞争情况，这样企业就可以根据自己的优势，集中做出自己的经营方向与策略。

目标市场的确定要结合上述的市场细分和企业自身的定位，来最终选择一个目标市场或是多个，而且要及时地根据市场的改变来调整自身的变化，比如竞争对手的数量、消费者购买力、自身生产经验方面的短板等。这样才能充分利用企业优势，集中去打通市场，毕竟每个企业的资源有限，在没有充足资本投入的情况下，只能是用优势去主攻弱势，通过战胜局部来逐步扩大市场，达到最终占领整个目标市场的战略。

市场定位极为重要，当我们在听到某个品牌时，就已经在内心中对它有了一个印象，这个产品是高档还是低档，是否适合自己等，而这时便会直接导致消费者去选择适合自己的品牌作为参考，甚至会直接购买。市场定位一旦确定，在短时间内就很难做出改变，比如主打低端市场想进军高端，很多都以失败告终，其中不乏大品牌或者当时市场占有率高的企业，这不得不促使一些企业改头换面来重新进行市场定位，进而制定新的营销策略。

图 8-8　策略分析画布

8.3.3　产品策划画布

产品策划画布基于商业画布，根据 STP 战略分析，应用 4Ps 营销模式：产品（Product）、价格（Price）、促销（Promotion）、渠道（Place），以及 4Cs 营销模式：顾客（Customer）、成本（Cost）、便利（Convenience）和沟通（Communication）。产品策划画布如图 8-9 所示。

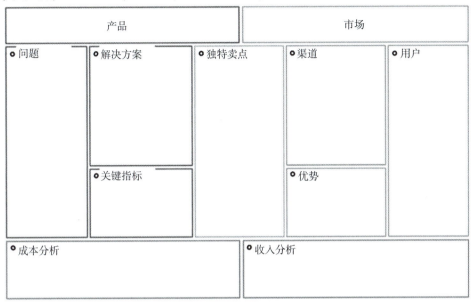

图 8-9　产品策划画布

8.4　创业团队及公司架构

一个初创企业的执行绝对不能仅仅依靠创业者一个人，而是靠整个核心团队的团结协作。团队协作得越好，公司的执行力就越强，特别对于资金不足、制度不健全的初创企业，核心团队就是初创公司的最大价值所在。

8.4.1　结构合理的创业团队

企业的团队成员分为创始人、联合创始人及核心成员。投资人会判断整个团队的互补性和结构性是否合理，企业需要补充哪种类型的人才。

企业的成功往往是领导者一系列决策结果导致的概率事件。企业每项决策的结果都与创业者和创始团队的认知水平、创造力和执行能力密切相关。

大部分投资人会重视创始团队的背景。从公司团队的背景判断是否具有丰富的创业经验、是否操盘过相关的案例、是否有团队管理经验、是否有相关技术背景。创业者可以在商业计划书中展现创始团队的背景和从业经历，增加投资人对企业的信心，经历丰富的创业团队更能打动投资人的心。

初创企业最佳人员配置为 4～6 人：CEO，强调领导能力，具备企业战略规划能力；CFO，专业的财务筹划能力；CMO，具备市场营销策划及带队落实能力和互联网+思维；

CTO，具有技术研发能力和培养技术团队的能力。团队中如果还有一个后勤总管，将是团队最大的助力。

团队是一个动态开放的，在不断磨合的过程中根据不同发展阶段随时调整，找到当前状态中优势互补、效率最高、目标和决定一致的伙伴群体。如图 8-10 所示。

图 8-10　团队组建基本原则

8.4.2　利于发展和稳定的组织架构

当前阶段，合伙制的出现已经颠覆了传统的组织架构，正在成为新的企业潮流。企业的组织架构关乎企业后续的发展，是投资人的重要关注点之一，合伙制的初创企业在前期就要建立稳定的组织架构，避免日后利益纠纷。

企业的组织架构有两个点需要在商业计划书上体现出来：一是创始成员的持股比例分配；二是企业为吸引后续人才的期权预留。

一、持股比例分配原则

创始成员的持股比例中最为忌讳两点：一是平分股份，导致初创企业没有实质确定人；二是资本投资为王，谁干活谁主导才是合理的发展模式。

最终体现在商业计划书上的持股比例分配一定要遵循以下原则：

(1)公平原则：持股比例要公平合理。

(2)创业贡献和持股比例正相关的原则。

(3)效率原则：持股比例要和资源相联系，如人力资源、产品的技术和运营资源，以及初创企业的融资等资源。

(4)便于决策的原则：根据持股比例可以判断出团队的核心，遇到问题时，企业能做出快速、高效、一致的决策。

(5)控制权：创业团队对企业的控制权，因为企业在多次融资中会出现股权被摊薄的问题，创业者在持股比例分配之初就要考虑到股权被摊薄的影响。

如果初创企业的持股比例能很好地遵循以上原则，投资人在审阅商业计划书时会觉得这个企业的组织架构很牢固，不用担心日后的股权纠纷，投资的风险性相对较小。如果项目模式合理，就可以投资一试。

二、期权预留

期权预留的股权用于招募高级人才，激励员工或者吸引融资，持续找到优秀人才的方式，是初创公司使用股权激励计划的普遍形式，被认为是促进欧洲和美国的初创企业发展的重要因素之一。

创建期权池是为了吸引优秀人才，通常要关注这三类人：公司高管、中层管理人员和核心技术员工。期权池的规模决定了当公司实施股票激励时激励对象的多少。通常，期权池占 10%~20%。期权池越大，激励对象越多。假定期权池中企业高管总共占股份的40%，企业中层领导总共占30%，业务骨干总共占30%。在各层级股权配比初步确定后，下一步需要将股权细分到每个职位、每个人身上，确定个体的分配额度。

初创企业在分配期权池时，有一点需要提前考虑，为了吸引更多的人才，期权池千万不要一次用尽，最好能辅以一定的股权预留，在吸引新人才的同时也激励原有的股东。对于投资人来说，期权池的大小也决定了他投资后所占的股权份额。投资人往往会通过商业计划书中期权预留的比例，来估算自己投资后未来可以获得的收益。

8.5　盈利水平及融资需求

8.5.1　公司盈利水平与财务预测

一份完整的商业计划书，一定需要从公司盈利水平和财务预测的角度来对企业进行分析。因为任何商业和业务，最终结果一定会反映在公司的财务数字上。创业者在商业计划书中要凸显商业模式的广阔空间，以及企业的盈利水平、公司当前收入、毛利、净利润状况等。

一、商业模式

技术变革导致市场竞争急剧增加，引领企业家们必须去创新商业模式，才能在激烈的竞争中生存并发展，创造出盈利的广阔空间。

创业团体探索商业模式的方式：执行最小可行方案（Minium Viable Product，简称MVP）。以越低的成本越快地去验证 MVP，就越能控制风险。

MVP 是用来验证假设的。

（一）价值假设
价值假设即用户真实地使用这个产品，产品对用户是有价值的。

（二）增加假设
指实现产品快速增加的一种手段，这种手段也是需要不断验证的。通过 MVP 的验证想法，将其拆解成一个个假设，建立观测数据指标，开发一个最小可行产品，将其投放给顾客，收集数据来验证原来的假设是否正确，在这个过程中贯穿 PDCA 循环（Plan-Do-Check-Act），增加假设流程如图 8-11 所示。

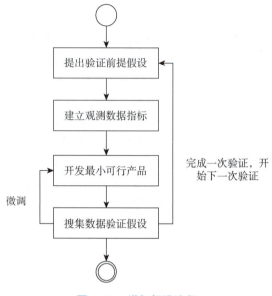

图 8-11　增加假设流程

8.5.2　盈利水平

公司获得利润的能力，就是盈利能力，也称为公司的资本和资本增值能力，通常用一段时间内公司的收入水平和收益数额来表示。

评估企业盈利能力的衡量因素主要包括六个方面：资本回报率、盈余现金保障倍数、营业利润率、成本和利润率、总资产利润率和净资产收益率。商业计划书中，需体现出公司当前收入、毛利和净利润状况。

一、公司当前收入

公司收入是反映公司生产活动的重要因素。营业收入反映了企业的经营业绩，包括主营业务的利润和其他商业利益，反映了公司业务活动的财务结果。公司当前收入计算公式如下：

当前收入＝营业收入－成本费用－期间费用－主营业务税金和附加税

二、毛利润

毛利润是商业公司的销售收入（销售价格）减去原始购买价格的差额，它也被称为商品进售差价。如果毛利润不足以支付流通成本和税收，公司将遭受损失。毛利润占商品销售收入或营业收入的百分比称为毛利率。

毛利率的计算公式如下：

毛利率＝（不包括税收的销售收入－不包括税收的成本）÷不包括税收的销售收入×100%

三、净利润

净利润也叫作净收入，是判断企业经营效益的主要指标。计算公式如下：

净利润＝毛利润－不能直接分配的成本

净利润＝利润总和－直接分配成本－不可直接分配的成本

举个简单的例子：一个工厂一天生产了 100 件衬衫，卖出得到 2 000 元的销售总额，

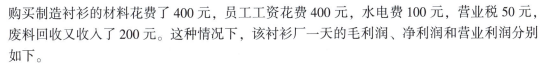

购买制造衬衫的材料花费了 400 元，员工工资花费 400 元，水电费 100 元，营业税 50 元，废料回收又收入了 200 元。这种情况下，该衬衫厂一天的毛利润、净利润和营业利润分别如下。

毛利润为：2 000-400-400＝1 200（元）

净利润为：2 000-400-400-100-50＝1 050（元）

而营业利润则为：2 000-400-400-100-50+200＝1 250（元）

因此，三者之间的关系是：营业利润>毛利润>净利润，净利润是企业的最终经营成果，净利润多，则表示企业的营业利润高。

8.5.3　财务分析

财务分析基于会计报表，即使用专业的手段来分析和评估过去和现在的企业偿付能力、盈利能力、运营能力和增长潜力。商业计划书中的财务分析就是为了给投资人看，尽量从投资人的角度进行财务分析，如公司现金流及融资后的成本走向预测、企业的资产负债表、企业的财务计划以及投资回报等，在商业计划书中为投资人提供有价值的财务信息。

一、财务模型

创业公司做商业计划书，在财务模型上最重要的就是公司现金流及融资后成本走向的预测。

在企业盈利尚未到来之前，企业要保证有足够的资金来维持业务的运营，直到产生销售收入、现金流流入。创业者必须知道公司现金流中断的日期，在那天到达之前，要找到投资者拿到融资，保持初创公司的现金流不断。"现金流"是初创企业的生命线，控制着初创企业的生死。

（一）收入的基本假设

预测企业收入的方法，是在时间框架内分析产品或服务的价格和客户数量如何增长。

产品定价。根据 4Ps 原则中 Price 的设定原则，做好产品定位，确定产品/服务价格。

客户数量。确定顾客来源渠道、转化率、能同时接待的人数、复购率、产品生产周期等。

以一家生产蓝牙音箱的企业为例，在销售时可以联系销售代理商每月大概可以卖出多少个。如果直接销售产品，需要考虑广告的效应。例如，在某杂志中刊登广告，该杂志的发行量为 50 000 份，广告效果为 0.5%~1%，最多可以吸引 50 000×1%＝500 个用户。

时间框架。把产品价格和客户规模一起加入时间表。一般来说，商业计划书中最好体现出 3~5 年的预测。但初创企业极易夭折，所以初创企业的财务预测最好以季度为单位来计算，这样创业者就会对公司财务有一个清晰的认识。

（二）成本

商业计划书上的现金流走向预测需要考虑的成本如下：

固定成本：员工的薪金发放、办公地点的房租、保险等员工福利费用以及其他的办公费。

可变成本：生产所需要的原材料、产品包装以及运输过程中的成本。

销售成本：宣传产品时的广告费用、销售以及客户服务的成本。

设备成本：办公地点的装修、计算机、办公桌等办公用品的采购成本。

税务成本：获得收益后需要上缴给国家的一部分资金。

与收入一样，成本也会在一定时间内发生。许多费用都不是在创建的第一天一次性付出的，比如产品宣传中的广告费用，并不是一次性就要打出去成千上万的广告费，广告支出必须有相应的销售回报，上个月的广告发布后销售收入还没来，下个月的广告应该立即停止。

（三）分析和调查

在分析和调查现金流时，要找到一个收支的平衡点，平衡点之前的费用就是创业者需要准备的创业启动资金。

在做出预测后还要检查数据的比例是否合理，确保投资人能从商业计划书的数据中看到一个健康、合理的初创企业。企业的商业计划书也要随着财务预测不断调整，使之更符合企业的实际情况。

建议创业者们可以做两份走势预测，一份是保守型的，这一份可以体现在商业计划书上给投资人看；另一份可以大胆一些做乐观预测，看看企业在顺风顺水的情况下业绩可以做到什么程度，用以激励自己。当然，贴合实际的财务预测可以给创业者一双透视眼，帮助创业者看到企业的运营细节，预测出企业需要踏上的每一段征程。

财务预测首先用于创业者的自检，然后才是给投资人看的。

二、资产负债表

资产负债表也叫作财务状况表，代表公司在特定日期的财务状况的账簿报表，用以应对流动性风险。在资产负债表中，分为资产和负债、股东权益两个主要区块。在经过会计的一系列核算程序后，汇总到一个报表中。

投资人非常关注资产负债表。巴菲特曾被业内人士称为"资产负债表投资者"。资产负债表流动性分析是资产负债表分析的一个重要方面。图8-12所示的资产负债表，右侧是股东权益和长期贷款、短期贷款、负债等，是维持公司业务发展的资金来源，左侧是包括现金、无形资产及商管、固定资产等在内的企业资产。

资产负债表

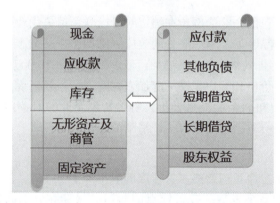

图8-12　资产负债表的流动性分析

对于投资人而言，商业计划书中资产负债表的动态效果越好，企业就越安全。从创业者的角度来看，公司的资产中可流动的资产是最重要的部分。现金、应收款和库存分别有不同的流动性，相比较而言，现金具有最佳流动性，应收账款的流动性较小，库存的流动性最差。

公司资产的流动性是在不断变化的。如果创业者大量投资固定资产，这可能会降低整个公司的资产流动性。所以创业者在投资固定资产时不要超过经营的现金流。

三、财务计划

在战略探索的初始阶段之后，初创企业成功启动。通过提供优于竞争对手的产品并帮助客户实现对同行的某些期望，得到了客户的认同。随着最初的战略成功实现，创业者会集中所有资源发展核心业务，以提高竞争力。在这个阶段，技术升级或商业模式创新也是紧随其后必须注意的地方。

投资人是创新的最直接支持者，但这种支持是支持业务、技术、产品和服务的创新。在经济上，投资人会更看好谨慎保守的财务计划。

如果不保守，一旦发生危机，初创企业遭受的将是灭顶之灾。因此，创业者需要为保守的财务计划做出以下努力：

（1）以正确的方式行事并忠实于原定的目标。创业者要集中火力开展核心业务，不要初见规模就四处发展分支，造成资金和人员的分散，形成不必要的财务风险。

（2）挑战成本降低的极限。人力成本是企业发展中最易造成冗余的地方，保障高效精简的团队是企业应对可能性风险的最佳方案。

（3）贴近客户的投资。企业将所有资源都放在客户身上，客户回报的利润可以帮助创业者获得足够的资源来维持公司的发展。

四、投资回报

风险投资人非常看重投资回报倍数。科学合理的投资回报期望，是对初创项目期望10倍的投资回报，对已经成熟的项目投资期望3~5倍的投资回报。

投资人期望的投资回报率高低取决于所要承担的投资风险。如果投资风险大，投资者期望回报率高。风险因素主要包括时间和资金的流动性两方面。在正常情况下，投资期限越长，投资人期望的回报率也就越高。因为企业使用钱的时间越长，就越有可能因意外事故而赔钱。作为投资者，希望通过高的回报率来弥补这种风险。此外投资人还要考虑资金的流动性，即回收投资的难易程度。一旦投资人需要紧急资金，能否从初创企业中提取资金？如果可能，那么这项投资的流动性很强，投资回报会相应低一些。

依据高风险高回报的原则，创业者在撰写商业计划书前可以通过评估自己的投资风险得到投资人心中的预期回报。应注意，不切实际的高利润回报难以令风险投资人信服，保守谨慎又要充满自信的态度才能使投资人认真对待。

8.5.4　企业估值与融资需求

一、设定合理的企业估值

商业计划书中的企业估值，是创业者对企业的内在价值进行评估，合理的估值会决定投资者的投资意向。

创业公司和投资者均需要进行合理的企业估值，以便进行商业谈判，达到最大利益。

企业估值有三种主流方法。

(一)市场法

市场法是基于价格形成的替代原理，并通过直接比较或分析近期市场中类似资产的交易价格进行价值评估。这种原则决定了它的使用前提：首先，必须有一个活跃的公开市场来寻找参考对象；其次，可以测量和收集到与被评估资产相关的参考对象和指标、参数、价格等。如做母婴产品，那就找到市场龙头企业 Babycare 的指标，进行对比。

(二)成本法

成本法的原则是从投资人的角度估算，评估与目标企业相似或相同的新资产购买成本。使用成本法时，首先根据现有市场情况估算购买同一资产的总成本，然后扣除各种折旧或技术过时以及市场环境改变造成的贬值。

这种方法在初创企业的资产评估中有广泛的应用。只要公司拥有实物资产，就可以运用成本法做出一个看似合理的估算。但成本法将公司有形资产与无形资产分开，并未考虑无形资产对公司价值的巨大影响力。这种评估结果反映了初创企业资产在基准日的现值。但是，它没有向投资人反映出未来发展的可能性。初创企业要根据自己的行业方向谨慎选择是否采用成本法进行估值。

(三)收益法

收益法一般适用于大多数的初创企业，也更加科学合理。首先，它反映了公司全部营运资金的收入，并全面评估了公司的价值。其次，它的评估指标还包括时间价值。收益法在评估日对未来的现金流进行贴现，把企业的未来发展也纳入了价值评估中，但这种评估方法在计量过程中有其自身的局限性，因为企业的未来预测不一定 100% 准确，参数选择稍有不慎，评估结果将呈现天壤之别。所以，初创企业在使用这种方法对企业进行估值时一定要合理地预测资产的未来收益。其公式为：

$$评估值\ V=A/r(A\ 为平均年收益额；r\ 为未来预期收益的本金化率)$$

从公式来看，使用收益法的前提条件是预期收益可以用一个较为准确的数据来衡量。另外，还要能够预测初创企业可以正式获得收益的年限。

创业者在撰写商业计划书时要客观评估公司资产，方便投资人确定股东权益和公司价值，一般采用成本法和收益法较多，市场法则相对较少。因为在市场中很难找到一个情况差不多的参照对象，尤其是在市场交易数量相对较少的情况下。

二、出让股权比例的计算方式

在进行合理的企业估值后，商业计划书中还要明确可以出让给投资人的股权，股权的比例直接决定了投资人的投资回报。

虽然投资人的股权比例与投资者项目估值和投资金额有关，但建议在天使轮投资中授予投资人的股份比例最好在 10% 左右，最多也不要超过 15%。通常成功的公司在上市之前需要筹集资金超过 5 次。每一次投资，企业都需要出让部分股权给投资人，这就导致了创业者和早期投资人的股权在不断被稀释。如果再考虑到 5%~20% 的股权激励，以及吸引创业合伙人的 5%~15% 的股权比例。因此，一旦超过 15%，创业者将会失去对企业的绝对控制权。

三、列出明确的融资需求

融资需求的阐述是商业计划书中的一个重量级部分。明确的资金需求使投资者能够更好地了解企业家企业发展规划、企业的融资方式及金额。一般来说，商业计划书的融资需求要明确：

（1）初创企业的资金需求计划，即实现公司当前发展计划应需资金。明确具体的数额、财务需求紧迫性、资金运营计划、资金到账方式和资金到账时间表。

（2）初创企业的融资方案，包括企业的股份出让说明、企业资金的其他来源渠道等。

（一）资金运营计划

资金运营计划是对资金使用的计划安排。创业者至少要展现出公司未来 12 个月的重点发展方向。

（1）资金的使用方案。项目资金的使用情况在商业计划书中以表格的形式呈现出来，如表 8-2 所示。

表 8-2　某房地产资金使用计划表　　　　　单位：万元

序号	项目	建筑工程费	其他费用	合计
1	工程费用	76 843.62	0.00	76 843.62
1.1	A 地块	22 900.97	0.00	22 900.97
1.1.1	住宅	22 650.46	0.00	22 650.46
1.1.1.1	地上	22 900.97	0.00	22 900.97
...	......	...	...	...
4.1	管理费用		5 643.54	5 643.54
4.2	销售费用		7 524.71	7 524.71
4.3	财务费用		10 618.80	10 618.80
5	合计	76 843.62	62 834.69	139 678.31

（2）资金使用的监督。加强对融资资金的监督和管理非常重要，因为公司资金的运作和相关利润密切相关。运作好企业资金，提高资金的使用效率，关系到企业运行成本的高低和效益的好坏，因此，加强资金的管理和控制具有十分重要的意义，它的有效使用将给整个企业经营注入新的活力。协调融资和加强资金管理可有效防止腐败，制定严格的内部监管制度，确保企业加强资金管理，防止资产浪费，是创业企业必须做到的。

因此在商业计划书中一定要体现周密的资金监督管理办法，要让投资人相信他所投入的每一分钱都用到了实处。

（3）投资的收益评估。创业者需给企业的每个阶段都定下一个小目标，有了目标的指引企业才能走得更好。商业计划书中的资金运营也需要明确地计划，阐释企业未来一年的重点发展方向。这不仅可以帮助创业者明确企业的发展目标，也会让投资人觉得创业者创业不是因为一时兴起，而是准备已久，值得信赖。

（二）资金到账方式

通常，初创企业有以下融资渠道（见图 8-13）：

图 8-13　初创企业融资渠道

（1）银行贷款：银行贷款是最有群众基础的融资渠道，因为银行大多有政府做依托，财力雄厚，更能得到创业者的信任。银行贷款有以下四种：

①抵押贷款是指创业者向银行提供某些财产作为信贷抵押。

②信用贷款无须在银行设置抵押品，凭借创业者的信用拿到贷款。

③担保贷款需要创业者找到一位担保人，凭借担保人的信用拿到贷款。

④贴现贷款是指创业者在急需资金的情况下以未到期票据申请变现的贷款方式。

一般抵押贷款的额度较高，利率相对较低，到账时间最快。

（2）民间资本：近年来，政府鼓励和引导民间投资，随着经济市场的不断发展，民间投资进入大众视野，投资领域也在逐渐扩大。民间资本投资管理程序相对简单，初创企业的融资速度快、门槛低，目前虽然金额相对较少，但今后随着制度的不断完善，民间资本会逐渐受到创业者的青睐。

（3）风险投资：风险投资是一种高风险高回报的投资，风险资本家以股权投资的形式进入风险投资。为了降低风险，投资人在实现增值目标后很有可能退出投资，不会永远与创业挂钩。

风险投资的资金往往不会一次性到账，而是分批次到账。这种分次到账的方式有利于缓解投资人的现金压力，促进现金流动。这也决定了创业者在商业计划书中要对资金的使用做出明确的规划，避免在下一期资金进入之前将钱花光，造成资金断流。

8.6　运营数据

创业者在商业计划书中要着重展现投资人关心的运营数据，突出企业在关键发展节点的数据，让投资人从运营数据中看出企业未来的增长趋势。尚无优势数据的初创企业也不必妄自菲薄，着重阐述企业的发展进程和战略目标的执行情况，关键是要让投资人对企业的未来有信心。

8.6.1　投资人关心运营数据的三个方向

创业者需将投资人关心的三个方向陈述清楚，即公司过去的发展情况、商业模式和增长策略是否有效以及企业未来的发展趋势。在陈述时要适当地辅以运营数据，证明文字的真实性。

一、了解公司过去的发展情况

（1）概要：简要介绍公司的发展历程，以时间线的形式；企业的经营规模；生产基地的空间布局与经营特色，公司的组织结构，体现规范化管理；员工的配置，体现企业的稳定性或锐意进取的特点；企业产品或服务的市场覆盖范围。

（2）产品种类和生产特点：质量体系、服务体系、物流管理、生产体系等。

（3）价格优势和服务特点：体现市场竞争力。

（4）技术研发：高新技术企业认证或科技型中小企业；员工中技术研发人员占比、技术骨干介绍；知识产权及专利；对外合作：与研究机构或高校的协同研究和开发；等等。

（5）企业文化建设：企业的愿景、员工归属感、社会责任等。

（6）社会地位：媒体报道、行业协会会员、所获荣誉等。

二、窥探未来的发展趋势

除了结合企业的业务现状进行分析之外，未来发展的本质是一个"思路决定出路"的问题，投资人希望在商业计划书中看到企业管理者正确的发展思路。

创业者的思路决定了企业未来的发展趋势，影响着企业命运。

企业家在窥探企业未来的发展趋势时，要用多样化的思考方式，避免狭隘的思维，思维的因循守旧将使企业落后于社会潮流。相反，凭借创新理念，企业将走上康庄大道，未来的发展趋势更加直观，也更加顺畅。

除了领导者的发展思路，企业的内外部环境也对发展趋势有重要影响，企业的外部环境就是经济环境、国家政策等因素，这些因素往往是初创企业无法改变的，只能顺势而为。但是创业者可以管理好企业的内部环境，将企业未来的发展趋势向好的方向引导。

通过分析公司的内部环境，创业者可以认识到自己的优势和劣势，并且决定公司可以做什么、公司拥有哪些独特的资源。企业资源分为三类：有形资产、无形资产和组织能力。

有形资产：公司运营所需的资源是最基础的有形资产，是唯一可以在公司资产负债表中清晰反映的资产。只有稀缺的有形资产才能带来竞争优势，如独家合作的原材料供应商。

无形资产：企业的品牌认知度、商业价值、企业文化、专利技术和商标，以及在发展过程中积累的知识和技能。

组织能力：企业的组织能力反映了企业中工作人员的工作效率，是企业有形和无形资产、人员和组织的运营流程的复杂组合。

如果创业者可以在商业计划书中展现出清晰可行的发展思路、良好的企业内部环境以及独特的资源，投资人就可以从中窥探出企业未来的发展趋势。

8.6.2　商业计划书的运营数据

运营数据是投资者最在意的重要因素。运营数据是测试产品是否符合市场的试金石。

一、突出关键发展节点

虽然行业领域和企业情况的不同会导致企业的关键发展节点不尽相同，但总的来看，初创企业的关键发展节点有以下五个（见图8-14）：

图 8-14　企业关键发展节点

（1）营销关：把初创企业中出色的个人营销能力转变为整个创业团队的营销能力，实现营销的自我流通。产品的营销关过了，企业就可以与产品共存。

（2）产品关：联结产品上下游的产品链，通过更多的渠道吸引用户群。产品关过了，企业才可以成长。

（3）人才关：人才关不是指初创企业现有的人才数量，而是是否有人才培养体系。培养体系建立后，公司可以变得更强大。

（4）财务关：财务关的关键是企业利润与企业安全之间的平衡，促进资金增值。财务关过了，企业就可以长久地发展。

（5）系统关：是指标准化的可复制的产品生产流程，系统关过了，企业就可以保持稳定的发展。

除此之外，商业计划书中要突出能熟练地掌握数据和运用数据，突出信息观。对于一些行业来说，信息的及时性、准确性会大大影响企业的运作，影响企业的应变能力和执行能力，如专注新闻资讯的新媒体行业。此外还有危机公关，企业在遭遇危机时的良好应变能力也是投资人关注的关键节点。

二、突出用户及销售方面的关键数据

数据对企业整体战略、目标的设定以及产品运营都有重要作用。在商业计划书中要突出用户及销售方面的关键数据，让投资人从关键数据中了解公司的运营情况。用户和产品销售的数据可以总称为运营数据，是衡量产品如何与市场互动的指标，即产品的市场适应性。按照重要性，可以对数据进行排序（见图8-15）。

图 8-15　运营数据重要性排序

如果初创企业已经运营了一段时间，有运营数据，创业者可以选择性地在商业计划书中披露一些用户及销售方面的关键数据。

（1）用户相关数据：注册用户、活跃用户、日/月用户、客户的日/月活跃度、客户保留率、回访率、转换率、产品的使用期限、用户反馈等。

（2）销售相关数据：产品销售量、日常订单量、产品单价、毛利率、上一年度和当前季度的销售额、增长率、市场份额等。

（3）其他重要指标的增长。

还要强调的一点是，关键数据的表现形式最好采用图表或表格的形式（见图 8-16）。

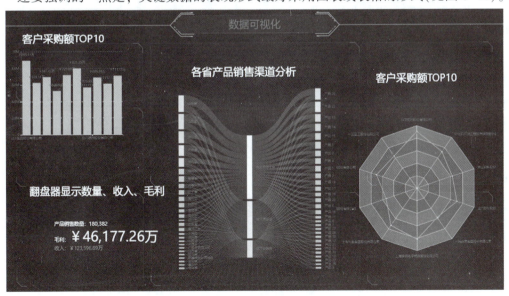

图 8-16　数据表现形式

如果在阶段性的数据中存在较大的波动，要在商业计划书中说明原因。比如，在节假日进行了商品促销、开展用户测试，或者出现了阶段性的小失误，投资人都可以接受。重要的是要说明原因，打消投资人的疑虑。运营数据的说服力胜于雄辩，良好的用户数据及销售数据可以进一步提高融资成功率。

8.6.3　尚无优势数据时怎么办

对于新生的初创企业尚无优势数据，可以在商业计划书中着重阐述企业的发展进程与执行力，去获得投资人的认可。

一、发展进程与执行情况

能评估合理性的未来，验证当前的商业模式和可执行性，让投资人对企业充满信心和兴趣，才是一份优秀的商业计划书应该达到的效果，因此没有优势数据时千万不要杜撰数据。

初创企业在撰写商业计划书时，可以将运营现状定义为业务开发现状，即从建立到现在的重要进展。创业者在商业计划书中可以通过以下几个方面让投资人了解发展进程与执行情况（见图8-17）：

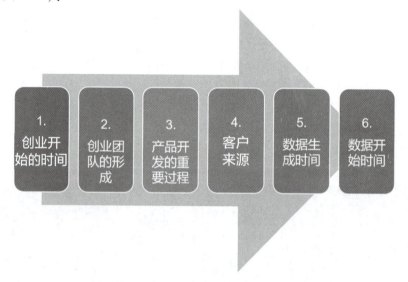

图 8-17　企业发展进程与执行情况

（1）创业开始的时间。决定创业是深思熟虑的结果，是经过市场调研评估后的慎重决定。

（2）创业团队的形成。创业者在商业计划书中要说明团队的组建方式与磨合程度。投资人需要通过团队确定企业的执行力。没有数据的时候，团队的执行力就是未来成果的保障。

（3）产品开发的重要过程。能做好产品研发的时间规划及上市目标。

（4）客户来源。客户来源渠道、预测转化率及获客成本。

（5）数据生成时间。即使现在没有数据，创业者也要在商业计划书中预计出未来可以生成数据的时间。

（6）数据开始时间。对企业关键节点进行拆分，明确每个阶段的关键或亮点数据发生的时间，对其进行图表阐述。对于没有数据优势的企业，企业的执行方案和效果就尤为重要了。

二、对未来的信心是关键

信心也是企业家的一个重要特征。创业者要确信产品是市场所需要的，找到市场机会，开拓新市场并在创业过程中推翻现有的、普遍接受的事物。这种特殊的品质是来自特殊使命的自信。有了这种信念，即使创业存在风险，创业者也可以提前进行彻底的调查，自信地完成工作，并将创业的风险降至最低。

创业者在商业计划书中必须表现得足够自信，甘愿承受创业失败的风险，同时又要掌握好分寸，不要让投资人觉得你的自信是盲目和自负。成功的创业者要有志存高远的抱负、百折不挠的毅力，以及一往无前的勇气。

创业者在递交商业计划书时，最想获得谁的投资，可以最后向其递交。与前面的投资人进行谈话时，能够获得一些有用的经验。经历过几次面谈，创业者就会发现，自己对于同样的问题会有更好的答案，在投资人面前也会更加自信，发挥得也会越来越好。创业者要通过自信让投资人相信你正在创造一个伟大的企业，吸引他加入这个伟大企业的建设中来。

8.7　风险说明与退出机制

8.7.1　风险说明

商场如战场，没有风险的项目是不存在的，区别是风险的大小不同。投资人投资从某种意义上来说就像是一场赌博：赌对了，赚得盆满钵满，赌错了就要及早抽身，防止发生更大的损失。明确风险说明与退出机制，能让投资者更有安全感地加入项目。

一、投资均有风险不必太过讳言

投资均有风险，创业者不必太过讳言，缩小自己的投资风险，但是可以在商业计划书中有选择性地表达企业的投资风险。

投资的风险意味着投资人的资金有亏本的可能，创业者不要想在商业计划书中隐瞒或缩小风险，应清晰说明风险，让投资人自己考虑。风险高未必是一件坏事，有的投资人就热衷于投资这种高风险高回报的初创企业。

风险分析：每个项目都有风险，而企业有效预防和控制各种风险的方法就是企业核心竞争力所在，将风险转化为机会，将是投资人非常乐意看到的方案。

(1)自然环境因素。由于气候以及其他自然因素对农作物产量影响很大，在运作过程中，如何降低自然因素的影响就是企业的技术优势所在。

(2)运输存储过程中的货损。为了满足客户的配送时间需求和配送数量需求，货物不可避免地会在配送仓库中堆积。如何尽可能减少货损就是必须解决的问题之一。

(3)控制产品货源。控制产品的来源是为了实现一定规模的销售，必须提供某些种类的独家商品。如何保证货品独家优势，也是风险转优势的方式。

创业者在撰写商业计划书时必须敢于承认风险的存在，有风险并不可怕，只要能够给出遇到风险时企业准备如何处理的方案，就会加强投资者的信心。

二、选择性表达投资风险的技巧

有的创业者希望通过各种各样的数据陷阱来隐瞒风险，并希望利用思维定式去转移投资人的关注点。但最有效的表达技巧就是创业者必须充分认识到这些风险，并为投资人提供有效的危机管理计划。

商业计划书中最容易被察觉的是市场风险。项目的行业市场发展阶段，会影响到投资人对这个行业中的未来竞争判断，评估投资的风险性。

另外，商业模式也是每个投资人在商业计划书上花费时间最多的问题之一。如果商业模式的有效性得到确认且风险很低，那么杠杆率是多少？例如，如果投资人投资 1 元，最终可以赚回来多少钱？这些问题也是投资人关心的问题。但是有的投资人并不介意商业模式，因为商业模式可以更改，这不是成功的焦点。他们认为创业团队的专注、学习能力、执行力和人才凝聚力才是企业的价值所在，了解了投资人的类型后，创业者就可以对商业计划书中的投资风险表达有所选择。这里的有所选择绝对不是让创业者隐瞒自己的风险，而是针对投资人比较关注的风险类型多做准备。

创业者不要认为商业计划书中的风险分析可以蒙混过关，专业的投资人轻易就可以看出你在避重就轻。创业者的商业计划书必须让投资人看到有解决风险的能力。在表达投资风险时要注意以下几点：

(1)提出的风险控制策略一定要有效，效果低微甚至没有效果的控制策略反而会加大投资的风险，任何项目投资都会有风险，对风险的放任或控制策略的无效才是导致投资失败的关键因素。

(2)执行力是风险管理的最重要环节。在金融市场，市场是不可控的，创业者可以控制的只有自己，通过自己影响到团队。

(3)把创业者无法控制的风险放在商业计划书风险分析的最后。一般指自然风险和未知风险。这种风险连投资人也无能为力，自然也不会苛求创业者有应对之策。

投资人在投资之前都会花大量的时间去思考投资的风险，不同类型的投资人对风险的评估结果也不尽相同。但对于所有投资人来说，最大的风险实际上是社会风险，因为这是系统性的，无法控制。创业者必须认真对待商业计划书中的投资风险，在不同阶段存在不同类型的风险，不同投资人对风险的重视程度也不一样，掌握了这些，就可以在商业计划书中选择性地表达投资风险。

8.7.2 做好风险预测及应对方案

一、做好融资后可能的风险事件预测

要想在商业计划书中做出未来的风险事件预测，首先创业者要了解风险的来源。

风险来源：根据可能的风险事件对风险来源进行分类。来源清单具有综合性，应包括所有已确定的问题，例如风险发生的频率、发生的概率、损益的大小。除了可能发生的风险来源外，还需要仔细确定潜在的风险事件。潜在的风险很难准确描述，但创业者可以从以下几个方面进行一一排查，查找企业的潜在风险(见图8-18)。

图 8-18　潜在风险

(一) 信用风险

如果团队中有人有不良记录，可能会对融资造成阻碍。

(二) 完工风险

完工风险是指在规定的期限时间内项目没有完成，项目必须延期完成或者完成了但无法满足预期的标准。完工风险意味着企业成本的增加，以及市场机会的丧失，会损害投资人的投资收益，是项目融资的核心风险之一。

(三) 生产风险

生产风险是生产过程中多种风险因素的总称。生产风险主要体现在技术风险、资源风险、能源和原材料供应风险以及业务管理风险上，是投资人主要考虑的另一个核心风险。

(四) 市场风险

市场风险主要包括价格风险、竞争风险、需求风险，这些风险之间互有联系又互有影响。

(五) 财务风险

项目财务风险主要体现在项目融资过程中的利率风险和汇率风险。

(六) 政治风险

融资过程中也会存在政治风险，如税制的改变、关税调整和非关税贸易壁垒的变化、外汇管制变化等经济政策带来的风险。在国际性的融资中，政治风险更大，两国关系随时影响国际融资，融资过程中的各个方面和阶段都可能与项目的政治风险有关。

(七) 环境保护风险

创业者还必须注意项目融资期间可能发生的环境保护风险，如果产品属于化工产品更要提高对环境保护风险的注意力。

最低级别的风险来自对所操作的事物的不理解或不明白，就是人们通常所说的无知。对于任何事物来说无知都是最大的风险，风险预测也是一样。创业者要在商业计划书中尽可能全面性地预测可能发生的风险，以便提前有所作为，对风险加以控制。

二、应对投资人眼中的风险

投资人眼中的投资风险主要还是集中在初创企业本身，通过对企业融资过程的分析，投资人往往会关注以下几个方面是否存在风险隐患（见图8-19）：

图 8-19　风险隐患

（一）负债规模

债务的利息会在企业所得税之前支付，所以在融资过程中，所以债权人的风险相对而言低于投资人，所要求的回报率也比较低。公司必须严格控制负债的大小，如果初创公司不能将债务的规模控制在可控范围内，将会增加投资人的融资风险，也不利于企业的发展。

（二）负债期限

公司负债期限是指企业短期债务和长期债务的分配和拿到资金结清负债的时间。设定负债期限时必须考虑到公司的实际管理和还款能力，创业者必须全面准确地了解债务期限结构，只有在保证负债期合理性时才能有效应对财务风险。但是，目前大多数的初创公司还没有优化债务期限结构，而是在融资过程中盲目设定还款期。这样投资人可能觉得创业者没有给予足够的重视，企业融资将不可避免地走入险境。

（三）企业资本结构

在企业融资的过程中，既要保证融资结构的合理性，又要保证企业原有资本的结构合理性，在融资过程中不断调整，避免因为大量资金的涌入影响企业的稳定发展。目前企业资本结构不合理已经成为一项限制企业融资的重要因素。

（四）融资方式不同的筹资方式

企业在融资过程中，有很多筹资方式和融资手段，但并非所有融资方式都适合企业的业务需求。正确选择融资方式是有效预防财务风险和管理公司财务的关键。

（五）融资顺序

在融资顺序上，考虑到债务融资和股权融资之间的差异，不应在同一时期执行，而是要有足够的时间间隔，避免企业的运营风险。

（六）经营风险

经营风险，即企业生产经营活动的固有风险，企业管理行为对融资过程有一定的影响。企业管理的风险越低，融资风险也就越低。创业者有必要充分考虑企业的经营风险，采取措施加以整改，提高融资成功概率。

（七）现金流

初创企业现金流会出现的问题就是现金的流入量不足、企业资产不够动态化，现金流

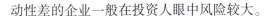

动性差的企业一般在投资人眼中风险较大。

三、应对风险事件的有效方法

商业计划书中要列出规避、应对风险事件的有效方法，企业可以采取以下风险防控措施（见图 8-20）：

图 8-20　风险防控措施

（一）树立正确的风险观念

初创企业在日常的金融活动中要建立风险理念，增强风险防范意识。在企业融资过程中，需要足够重视潜在风险，准确地了解实际融资过程中的风险，深化对金融风险的理解，并从多方面了解产生原因和财务风险的有害影响。

（二）关注宏观环境的变化

基于市场环境的重要性，以及企业财务与宏观财务环境的关系，创业者通过对宏观市场环境的分析，掌握市场的动态变化，灵活地调整企业的生产经营方式和财务管理手段，以确保企业筹集资金的能力和一定的风险控制能力，降低投资人的投资风险，提高融资的实效性。

（三）优化资本结构

资本结构的风险性可以用债务比率的形式来表达，债务比率越大，风险也就越大。资本结构的合理性与企业融资能否取得积极成果有很大的关系。企业可以积极地优化资本结构，提高资本结构的合理性，从而提高企业财务风险防控能力。

（四）提高资产流动性

企业偿还债务的能力取决于所欠债务的额度和企业资产的流动性。保持和提高资产的流动性是初创企业提高财务效益的重要手段。

（五）先内后外的融资策略

企业在申请融资之前，要先对内部资金做优化处理，认真考虑资金成本、财务风险、信息传递等多种因素，利用内部资金的潜力，减少对外部资金的需求。而后明确对外部资金的融资策略，选择先内后外、先债后股的顺序融资来控制财务风险。

（六）建立风险预测体系

初创企业需要建立风险预警系统，监控企业发展和运营情况，衡量财务风险的临界点。鉴于融资对企业财务管理的实际影响，建立基于融资的风险预测系统，合理预测融资过程中可能发生的风险，有效防范和管理企业融资风险，可以提升企业融资的整体效果。

8.8　市场退出机制

投资退出机制是指投资人可以将持有的企业股权转化为资本抽离该企业，其本质是资本管理。退出机制是风险投资人实现收入的阶段，也是进行下一轮投资的开始。退出机制降低了风险投资的风险性，是商业计划书中投资人比较关注的部分。投资的退出机制通常包括上市退出、并购退出、清算退出三种方式。创业者需要在商业计划书中指出哪种退出机制的可能性最大。

8.8.1　上市退出

上市退出是回报率最好的退出方式，即企业公开上市之后，投资人将股本转换为资本退出该企业，融资正式结束。

对于风险投资公司而言，上市退出不仅有利于保持风险公司的相对独立，而且通过公开发行的退出方式也可以得到证券市场持续融资的渠道。对于风险投资人来说，他的投资可以获得非常高的利润。

因上市退出需要相当长的时间，同时股份出售时间有限，限制了投资人资本的流动性，因此创业者如果在商业计划书中将上市退出作为最佳退出机制，必须规划好企业上市的时间和长远规划，让投资人有信心陪你走下去。

8.8.2　并购退出

并购退出是指投资人在投资企业后，通过企业被并购的方式退出目标企业。由于上市审核标准的不断提高，企业上市的审计时间长、成本高，退出机制具有不确定性，并购正在取代上市退出成为投资人关注的热点。根据公开数据，美国至少90%的投资不是使用上市的方式退出，能够上市退出的只是一小部分。在资本市场较成熟的发达国家，二级交易市场价格相对公平，因此上市退出带来的资本溢价不一定高于并购退出，并购退出已成为欧美市场主要的退出方式。

2015年10月，中国证监会公布了关于上市公司重大资产重组行为和上市公司收购的有关规定，资产管理审批进一步推动了并购市场的活跃。相较其他的退出机制，并购退出的机制优势体现在灵活高效、时间短、缓解现金流压力。

并购退出机制的缺点表现为：

（1）并购企业需要大量的资金储备，市场上的买家数量是有限的，可能会导致企业并购价格产生折扣，使投资人获得的投资回报降低。

（2）由于市场的行情变化，以及商业信息的不及时，投资人为了尽快退出拿到现金，可能会导致企业的价值被低估，使投资人的收益低于上市退出的收益率。

（3）企业并购成功后，管理权和领导人可能会产生较大变动。这种权利的丧失可能会使企业的创业团队抵制并购。

对于尚未满足上市要求的公司，并购退出对于投资人是一种好方法。对于创业者而言，公司被兼并后可以共享大公司的资源与渠道，这也是提高业务运营效率的一种方式。

8.8.3　清算退出

清算退出是投资失败项目的退出方式。商业计划书中一般将清算退出作为针对投资人规避风险心理的保底退出机制。清算退出可以保证投资人的投资虽然失败，但不会全赔。通常情况下，清算退出只能收回原始投资的 64%，这些资金可以作为下一投资周期资金循环，清算退出是不得已而为之，这是投资人为了避免陷入更大的泥潭而必须做出的选择。

一、清算退出方式

清算退出主要有破产清算和解散清算两种不同的方法。

一是破产清算。如果公司因无法偿还其债务而宣告破产，法院将依法组织清算机构清算企业的剩余价值。

二是解散清算。由于公司无力经营，开始清算程序以解散高风险的公司。这种清算方法不仅花费昂贵，还需要大量的时间进行清算工作，因此并非所有投资不成功的项目都会采用这种清算方法。

站在风险投资家的角度来看，公司失去了发展的可能性，增长率太慢，或者无法达到预期的回报率，为了减少损失并尽可能多地回收资金而采取清算退出机制是一种明智的选择。回收的资金可以继续用于新一轮的投资。

二、清算退出的法律障碍

在我国，现行的《中华人民共和国企业破产法》只适用于那些个人企业破产，《中华人民共和国民事诉讼法》的破产程序并不适用于股份公司，如何保护破产清算中投资人合法权益的问题尚未得到充分解决。根据《中华人民共和国公司法》的有关规定，一旦投资进入企业，就是合法的法人财产。如果清算，投资人也拥有无形资产，有必要合法地区分产权。倘若投资人在被投资企业中担任了股东，清算优先权的问题更需要法律给出可循的规章制度。

在以上三种退出机制中，清算退出是投资人最不愿意采取而又是创业者必须在商业计划书中说明的退出方式。只有在企业失败、入不敷出时，才会执行清算退出程序。通过清算退出，投资人可以收回投资成本，这已经是一个濒临绝境的情况下最为理想的结果。

参 考 文 献

[1]龚荒. 创业管理：理论、实训、案例[M]. 北京：机械工业出版社，2013.

[2]梅强. 创业基础[M]. 北京：清华大学出版社，2016.

[3]刘韬. ERP 在中国的应用与发展[J]. 吉林省经济管理干部学院学报，2011，25（1）：91-93.

[4]白雨. 浅谈 ERP 在中国的应用及发展[J]. 山西广播电视大学学报，2004（3）：102-103.

[5]林子华. 企业虚拟化运营：信息时代企业运营的一种创新[M]. 北京：社会科学文献出版社，2008.

[6]邓文博，姜庆，曾苑，等. 企业运营综合实战：经管类跨专业仿真实训教程[M]. 北京：清华大学出版社，2016.

[7]李菲，白雅，王贺敏. 企业运营与财务管理研究管理理论[M]. 沈阳：东北大学出版社，2022.

[8]张新民. 中小企业财务报表分析[M]. 北京：中国人民大学出版社，2020.

[9]章之旺，仲怀公. 会计学[M]. 南京：南京大学出版社，2018.

[10]戴生雷，钟顺东，陆亚平，等. 财务报表分析[M]. 成都：四川大学出版社，2018.

[11]许承明，奚国泉. ERP 生产管理实验[M]. 南京：江苏教育出版社，2010.

[12]曾添，高效生产管理精要[M]. 广州：广东经济出版社，2010.

[13]滕宝红. 生产流程管理解决方案[M]. 深圳：海天出版社，2010.

[14]姚梅炎. 新编财会业务大辞典[M]. 北京：中国商业出版社，1995.

[15]胡华成，丁磊. 商业计划书编写实战[M]. 2 版. 北京：清华大学出版社，2021.

[16]吕森林. 创业从一份商业计划书开始[M]. 北京：电子工业出版社，2019.

[17]杨维维. 避免败局：股权设计七步通[M]. 北京：电子工业出版社，2021.

[18]王新玲，杨宝刚，柯明 ERP 沙盘模拟高级指导教程[M]. 北京：清华大学出版社，2006.

[19]于桂平，陈欣. ERP 沙盘模拟对抗实训教程[M]. 北京：北京理工大学出版社，2008.

[20]苏佳萍. 财务管理实用教程[M]. 北京：北京交通大学出版社，2008.

创业测评与经营模拟

操作工具手册

企业运营模拟(第一年)

公司名称:

CEO:

财务总监:

营销总监:

生产总监:

采购总监:

财务助理:

任务一　长期战略制定

公司长期战略规划	
市场需求分析	
产品定位	
投资计划	
筹资计划	

用户 _____			第一年经营			

操作顺序	企业经营流程		每执行完一项操作，CEO 请在相应的方格内打钩。			
	操作流程	系统操作	手工记录			
年初	新年度规划会议					
	广告投放	输入广告费确认				
	参加订货会选订单/登记订单	选单				
	参加竞拍会选订单/登记订单	选单				
	申请长期贷款	输入贷款数额并确认				
			一季度	二季度	三季度	四季度
1	季初盘点（请填余额）	产品下线，生产线完工（自动）				
2	更新短期贷款/短期贷款还本付息	系统自动				
3	申请短期贷款	输入贷款数额并确认				
4	原材料入库/更新原料订单	需要确认金额				
5	下原料订单	输入并确认				
6	购买/租用厂房	选择并确认，自动扣现金				
7	更新生产/完工入库	系统自动				
8	新建/在建/转产/变卖生产线	选择并确认				
9	紧急采购（随时进行）	随时进行输入并确认				
10	开始下一批生产	选择并确认				
11	更新应收款/应收款收现	需要输入到期金额				

用户	第一年经营				
操作顺序	企业经营流程	每执行完一项操作，CEO请在相应的方格内打钩。			
	操作流程	系统操作	手工记录		
12	按订单交货	选择交货订单确认			
13	产品研发投资	选择并确认			
14	厂房出售（买转租）/退租/租转买	选择确认，自动转应收款			
15	新市场开拓/ISO资格投资	仅第四季度允许操作			
16	支付管理费/更新厂房租金	系统自动			
17	出售库存	输入并确认（随时进行）			
18	厂房贴现	随时进行			
19	应收款贴现	输入并确认（随时进行）			
20	季末收入合计				
21	季末支出合计				
22	季末数额对账〔(1)+(20)-(21)〕				
年末	缴纳违约订单罚款（20%）	系统自动			( )
	支付设备维护费	系统自动			
	支付所得税(25%)	系统自动			
	支付长贷利息	系统自动			
	更新长期贷款/长期贷款还款	系统自动			
	计提折旧	系统自动			
	新市场/ISO资格换证	系统自动			
	结账				

企业经营财务报表(第＿＿＿组第＿＿＿年)

1. 综合费用表		2. 利润表	
项　目		项　目	金额/k
管理费		1. 销售收入	
广告费		2. 直接成本	
设备维护费		3. 毛利	
损失		4. 综合费用	
转产费		5. 折旧前利润	
厂房租金		6. 折旧	
新市场开拓		7. 支付利息前利润	
ISO 资格认证		8. 财务费用(利息、贴现利息)	
产品研发		9. 税前利润	
信息费		10. 所得税	
合　计		年度净利润	

资产负债表

项　目	金额/k	项　目	金额/k
现金		长期负债	
应收款		短期负债	
在制品			
产成品		—	
原材料		—	
流动资产合计		负债合计	
厂房		股东资本	
生产线		利润留存	
在建工程		年度净利	
固定资产合计		所有者权益合计	
资产总计		负债和所有者权益总计	

企业运营模拟(第二年)

公司名称:

CEO:

财务总监:

营销总监:

生产总监:

采购总监:

财务助理:

任务一　长期战略制定

公司长期战略规划	
市场需求分析	
产品定位	
投资计划	
筹资计划	

用户 _____				第二年经营		

操作顺序	企业经营流程		每执行完一项操作，CEO请在相应的方格内打钩。			
	操作流程	系统操作	手工记录			
年初	新年度规划会议					
	广告投放	输入广告费确认				
	参加订货会选订单/登记订单	选单				
	参加竞拍会选订单/登记订单	选单				
	申请长期贷款	输入贷款数额并确认				
			一季度	二季度	三季度	四季度
1	季初盘点(请填余额)	产品下线,生产线完工(自动)				
2	更新短期贷款/短期贷款还本付息	系统自动				
3	申请短期贷款	输入贷款数额并确认				
4	原材料入库/更新原料订单	需要确认金额				
5	下原料订单	输入并确认				
6	购买/租用厂房	选择并确认,自动扣现金				
7	更新生产/完工入库	系统自动				
8	新建/在建/转产/变卖生产线	选择并确认				
9	紧急采购(随时进行)	随时进行输入并确认				
10	开始下一批生产	选择并确认				
11	更新应收款/应收款收现	需要输入到期金额				

用户＿＿＿＿＿		第一年经营				
操作顺序	企业经营流程	每执行完一项操作，CEO 请在相应的方格内打钩。				
	操作流程	系统操作	手工记录			
12	按订单交货	选择交货订单确认				
13	产品研发投资	选择并确认				
14	厂房出售(买转租)/退租/租转买	选择确认，自动转应收款				
15	新市场开拓/ISO 资格投资	仅第四季度允许操作				
16	支付管理费/更新厂房租金	系统自动				
17	出售库存	输入并确认(随时进行)				
18	厂房贴现	随时进行				
19	应收款贴现	输入并确认(随时进行)				
20	季末收入合计					
21	季末支出合计					
22	季末数额对账[(1)+(20)-(21)]					
年末	缴纳违约订单罚款(20%)	系统自动				
	支付设备维护费	系统自动				
	支付所得税(25%)	系统自动				
	支付长贷利息	系统自动				
	更新长期贷款/长期贷款还款	系统自动			( )	
	计提折旧	系统自动				
	新市场/ISO 资格换证	系统自动				
	结账					

企业经营财务报表(第____组第____年)

1. 综合费用表		2. 利润表	
项　目		项　目	金额/k
管理费		1. 销售收入	
广告费		2. 直接成本	
设备维护费		3. 毛利	
损失		4. 综合费用	
转产费		5. 折旧前利润	
厂房租金		6. 折旧	
新市场开拓		7. 支付利息前利润	
ISO资格认证		8. 财务费用(利息、贴现利息)	
产品研发		9. 税前利润	
信息费		10. 所得税	
合　计		年度净利润	

资产负债表

项　目	金额/k	项　目	金额/k
现金		长期负债	
应收款		短期负债	
在制品			
产成品		—	
原材料		—	
流动资产合计		负债合计	
厂房		股东资本	
生产线		利润留存	
在建工程		年度净利	
固定资产合计		所有者权益合计	
资产总计		负债和所有者权益总计	

企业运营模拟(第三年)

公司名称：

CEO：

财务总监：

营销总监：

生产总监：

采购总监：

财务助理：

任务一　长期战略制定

公司长期战略规划	
市场需求分析	
产品定位	
投资计划	
筹资计划	

用户 _____		第三年经营				

操作顺序	企业经营流程		每执行完一项操作，CEO 请在相应的方格内打钩。			
	操作流程	系统操作	手工记录			
年初	新年度规划会议					
	广告投放	输入广告费确认				
	参加订货会选订单/登记订单	选单				
	参加竞拍会选订单/登记订单	选单				
	申请长期贷款	输入贷款数额并确认				
			一季度	二季度	三季度	四季度
1	季初盘点(请填余额)	产品下线，生产线完工(自动)				
2	更新短期贷款/短期贷款还本付息	系统自动				
3	申请短期贷款	输入贷款数额并确认				
4	原材料入库/更新原料订单	需要确认金额				
5	下原料订单	输入并确认				
6	购买/租用厂房	选择并确认，自动扣现金				
7	更新生产/完工入库	系统自动				
8	新建/在建/转产/变卖生产线	选择并确认				
9	紧急采购(随时进行)	随时进行输入并确认				
10	开始下一批生产	选择并确认				
11	更新应收款/应收款收现	需要输入到期金额				

	用户 _____			第一年经营			
操作顺序	企业经营流程		每执行完一项操作，CEO请在相应的方格内打钩。				
	操作流程	系统操作	手工记录				
12	按订单交货	选择交货订单确认					
13	产品研发投资	选择并确认					
14	厂房出售（买转租）/退租/租转买	选择确认，自动转应收款					
15	新市场开拓/ISO资格投资	仅第四季度允许操作					
16	支付管理费/更新厂房租金	系统自动					
17	出售库存	输入并确认（随时进行）					
18	厂房贴现	随时进行					
19	应收款贴现	输入并确认（随时进行）					
20	季末收入合计						
21	季末支出合计						
22	季末数额对账[（1）+（20）-（21）]						
年末	缴纳违约订单罚款（20%）	系统自动				( )	
	支付设备维护费	系统自动					
	支付所得税(25%)	系统自动					
	支付长贷利息	系统自动					
	更新长期贷款/长期贷款还款	系统自动					
	计提折旧	系统自动					
	新市场/ISO资格换证	系统自动					
	结账						

企业经营财务报表(第___组第___年)

1. 综合费用表		2. 利润表	
项　目		项　目	金额/k
管理费		1. 销售收入	
广告费		2. 直接成本	
设备维护费		3. 毛利	
损失		4. 综合费用	
转产费		5. 折旧前利润	
厂房租金		6. 折旧	
新市场开拓		7. 支付利息前利润	
ISO 资格认证		8. 财务费用(利息、贴现利息)	
产品研发		9. 税前利润	
信息费		10. 所得税	
合　计		年度净利润	

资产负债表

项　目	金额/k	项　目	金额/k
现金		长期负债	
应收款		短期负债	
在制品			
产成品		—	
原材料		—	
流动资产合计		负债合计	
厂房		股东资本	
生产线		利润留存	
在建工程		年度净利	
固定资产合计		所有者权益合计	
资产总计		负债和所有者权益总计	

企业运营模拟(第四年)

公司名称:

CEO:

财务总监:

营销总监:

生产总监:

采购总监:

财务助理:

任务一　长期战略制定

公司长期战略规划	
市场需求分析	
产品定位	
投资计划	
筹资计划	

用户 _____			第四年经营			

操作顺序	企业经营流程		每执行完一项操作，CEO请在相应的方格内打钩。			
	操作流程	系统操作	手工记录			
年初	新年度规划会议					
	广告投放	输入广告费确认				
	参加订货会选订单/登记订单	选单				
	参加竞拍会选订单/登记订单	选单				
	申请长期贷款	输入贷款数额并确认				
			一季度	二季度	三季度	四季度
1	季初盘点(请填余额)	产品下线，生产线完工(自动)				
2	更新短期贷款/短期贷款还本付息	系统自动				
3	申请短期贷款	输入贷款数额并确认				
4	原材料入库/更新原料订单	需要确认金额				
5	下原料订单	输入并确认				
6	购买/租用厂房	选择并确认，自动扣现金				
7	更新生产/完工入库	系统自动				
8	新建/在建/转产/变卖生产线	选择并确认				
9	紧急采购(随时进行)	随时进行输入并确认				
10	开始下一批生产	选择并确认				
11	更新应收款/应收款收现	需要输入到期金额				

用户 _____		第一年经营			
操作顺序	企业经营流程		每执行完一项操作,CEO请在相应的方格内打钩。		
	操作流程	系统操作	手工记录		
12	按订单交货	选择交货订单确认			
13	产品研发投资	选择并确认			
14	厂房出售(买转租)/退租/租转买	选择确认,自动转应收款			
15	新市场开拓/ISO资格投资	仅第四季度允许操作			
16	支付管理费/更新厂房租金	系统自动			
17	出售库存	输入并确认(随时进行)			
18	厂房贴现	随时进行			
19	应收款贴现	输入并确认(随时进行)			
20	季末收入合计				
21	季末支出合计				
22	季末数额对账[(1)+(20)-(21)]				
年末	缴纳违约订单罚款(20%)	系统自动			
	支付设备维护费	系统自动			
	支付所得税(25%)	系统自动			
	支付长贷利息	系统自动			
	更新长期贷款/长期贷款还款	系统自动		( )	
	计提折旧	系统自动			
	新市场/ISO资格换证	系统自动			
	结账				

企业经营财务报表(第____组第____年)

1. 综合费用表		2. 利润表	
项　目		项　目	金额/k
管理费		1. 销售收入	
广告费		2. 直接成本	
设备维护费		3. 毛利	
损失		4. 综合费用	
转产费		5. 折旧前利润	
厂房租金		6. 折旧	
新市场开拓		7. 支付利息前利润	
ISO 资格认证		8. 财务费用(利息、贴现利息)	
产品研发		9. 税前利润	
信息费		10. 所得税	
合　计		年度净利润	

资产负债表

项　目	金额/k	项　目	金额/k
现金		长期负债	
应收款		短期负债	
在制品			
产成品		—	
原材料		—	
流动资产合计		负债合计	
厂房		股东资本	
生产线		利润留存	
在建工程		年度净利	
固定资产合计		所有者权益合计	
资产总计		负债和所有者权益总计	

企业运营模拟(第五年)

公司名称：

CEO：

财务总监：

营销总监：

生产总监：

采购总监：

财务助理：

任务一　长期战略制定

公司长期战略规划	
市场需求分析	
产品定位	
投资计划	
筹资计划	

用户 _____		第五年经营			
操作顺序	企业经营流程	每执行完一项操作，CEO 请在相应的方格内打钩。			

	操作流程	系统操作	手工记录			
年初	新年度规划会议					
	广告投放	输入广告费确认				
	参加订货会选订单/登记订单	选单				
	参加竞拍会选订单/登记订单	选单				
	申请长期贷款	输入贷款数额并确认				
			一季度	二季度	三季度	四季度
1	季初盘点(请填余额)	产品下线，生产线完工(自动)				
2	更新短期贷款/短期贷款还本付息	系统自动				
3	申请短期贷款	输入贷款数额并确认				
4	原材料入库/更新原料订单	需要确认金额				
5	下原料订单	输入并确认				
6	购买/租用厂房	选择并确认，自动扣现金				
7	更新生产/完工入库	系统自动				
8	新建/在建/转产/变卖生产线	选择并确认				
9	紧急采购(随时进行)	随时进行输入并确认				
10	开始下一批生产	选择并确认				
11	更新应收款/应收款收现	需要输入到期金额				

用户 _____		第一年经营				
操作顺序	企业经营流程		每执行完一项操作，CEO 请在相应的方格内打钩。			
	操作流程	系统操作	手工记录			
12	按订单交货	选择交货订单确认				
13	产品研发投资	选择并确认				
14	厂房出售（买转租）/退租/租转买	选择确认，自动转应收款				
15	新市场开拓/ISO 资格投资	仅第四季度允许操作				
16	支付管理费/更新厂房租金	系统自动				
17	出售库存	输入并确认（随时进行）				
18	厂房贴现	随时进行				
19	应收款贴现	输入并确认（随时进行）				
20	季末收入合计					
21	季末支出合计					
22	季末数额对账[（1）+（20）-（21）]					
年末	缴纳违约订单罚款（20%）	系统自动				
	支付设备维护费	系统自动				
	支付所得税(25%)	系统自动				
	支付长贷利息	系统自动				
	更新长期贷款/长期贷款还款	系统自动			( )	
	计提折旧	系统自动				
	新市场/ISO 资格换证	系统自动				
	结账					

企业经营财务报表(第____组第____年)

1. 综合费用表		2. 利润表	
项 目		项 目	金额/k
管理费		1. 销售收入	
广告费		2. 直接成本	
设备维护费		3. 毛利	
损失		4. 综合费用	
转产费		5. 折旧前利润	
厂房租金		6. 折旧	
新市场开拓		7. 支付利息前利润	
ISO 资格认证		8. 财务费用(利息、贴现利息)	
产品研发		9. 税前利润	
信息费		10. 所得税	
合 计		年度净利润	

资产负债表

项 目	金额/k	项 目	金额/k
现金		长期负债	
应收款		短期负债	
在制品		—	
产成品		—	
原材料		—	
流动资产合计		负债合计	
厂房		股东资本	
生产线		利润留存	
在建工程		年度净利	
固定资产合计		所有者权益合计	
资产总计		负债和所有者权益总计	

企业运营模拟（第六年）

公司名称：

CEO：

财务总监：

营销总监：

生产总监：

采购总监：

财务助理：

任务一　长期战略制定

公司长期战略规划	
市场需求分析	
产品定位	
投资计划	
筹资计划	

用户 _____		第六年经营			

<table>
<tr><td>操作顺序</td><td colspan="2">企业经营流程</td><td colspan="3">每执行完一项操作，CEO 请在相应的方格内打钩。</td></tr>
<tr><td></td><td>操作流程</td><td>系统操作</td><td colspan="3">手工记录</td></tr>
<tr><td rowspan="6">年初</td><td>新年度规划会议</td><td></td><td colspan="3" rowspan="6"></td></tr>
<tr><td>广告投放</td><td>输入广告费确认</td></tr>
<tr><td>参加订货会选订单/登记订单</td><td>选单</td></tr>
<tr><td>参加竞拍会选订单/登记订单</td><td>选单</td></tr>
<tr><td>申请长期贷款</td><td>输入贷款数额并确认</td></tr>
<tr><td></td><td></td><td>一季度</td><td>二季度</td><td>三季度</td><td>四季度</td></tr>
<tr><td>1</td><td>季初盘点(请填余额)</td><td>产品下线, 生产线完工(自动)</td><td></td><td></td><td></td><td></td></tr>
<tr><td>2</td><td>更新短期贷款/短期贷款还本付息</td><td>系统自动</td><td></td><td></td><td></td><td></td></tr>
<tr><td>3</td><td>申请短期贷款</td><td>输入贷款数额并确认</td><td></td><td></td><td></td><td></td></tr>
<tr><td>4</td><td>原材料入库/更新原料订单</td><td>需要确认金额</td><td></td><td></td><td></td><td></td></tr>
<tr><td>5</td><td>下原料订单</td><td>输入并确认</td><td></td><td></td><td></td><td></td></tr>
<tr><td>6</td><td>购买/租用——厂房</td><td>选择并确认, 自动扣现金</td><td></td><td></td><td></td><td></td></tr>
<tr><td>7</td><td>更新生产/完工入库</td><td>系统自动</td><td></td><td></td><td></td><td></td></tr>
<tr><td>8</td><td>新建/在建/转产/变卖——生产线</td><td>选择并确认</td><td></td><td></td><td></td><td></td></tr>
<tr><td>9</td><td>紧急采购(随时进行)</td><td>随时进行输入并确认</td><td></td><td></td><td></td><td></td></tr>
<tr><td>10</td><td>开始下一批生产</td><td>选择并确认</td><td></td><td></td><td></td><td></td></tr>
<tr><td>11</td><td>更新应收款/应收款收现</td><td>需要输入到期金额</td><td></td><td></td><td></td><td></td></tr>
</table>

操作顺序	企业经营流程		每执行完一项操作，CEO请在相应的方格内打钩。			
	用户_____		第一年经营			
	操作流程	系统操作	手工记录			
12	按订单交货	选择交货订单确认				
13	产品研发投资	选择并确认				
14	厂房——出售（买转租）/退租/租转买	选择确认，自动转应收款				
15	新市场开拓/ISO资格投资	仅第四季度允许操作				
16	支付管理费/更新厂房租金	系统自动				
17	出售库存	输入并确认（随时进行）				
18	厂房贴现	随时进行				
19	应收款贴现	输入并确认（随时进行）				
20	季末收入合计					
21	季末支出合计					
22	季末数额对账[（1）+（20）-（21）]					
年末	缴纳违约订单罚款（20%）	系统自动				
	支付设备维护费	系统自动				
	支付所得税（25%）	系统自动				
	支付长贷利息	系统自动				
	更新长期贷款/长期贷款还款	系统自动				
	计提折旧	系统自动				
	新市场/ISO资格换证	系统自动				
	结账				（　　）	

企业经营财务报表(第＿＿组第＿＿年)

1. 综合费用表		2. 利润表	
项　目		项　目	金额/k
管理费		1. 销售收入	
广告费		2. 直接成本	
设备维护费		3. 毛利	
损失		4. 综合费用	
转产费		5. 折旧前利润	
厂房租金		6. 折旧	
新市场开拓		7. 支付利息前利润	
ISO 资格认证		8. 财务费用(利息、贴现利息)	
产品研发		9. 税前利润	
信息费		10. 所得税	
合　计		年度净利润	

资产负债表

项　目	金额/k	项　目	金额/k
现金		长期负债	
应收款		短期负债	
在制品			
产成品		—	
原材料		—	
流动资产合计		负债合计	
厂房		股东资本	
生产线		利润留存	
在建工程		年度净利	
固定资产合计		所有者权益合计	
资产总计		负债和所有者权益总计